JN002157

図説

英国社交界ガイド

エチケット・ブックに見る19世紀英国レディの生活

村上リコ
Murakami Rico

河出書房新社

図説 英国社交界ガイド

ジェームズ・ティソ『しっ！』1875年。裕福なタウンハウスでの私的な演奏会。客のなかにはインドの貴人の姿も見える。

三つの階級とエチケット

ある時代、ある場所、あるグループに属する人びとの日常生活を、できるだけ具体的に知りたいと思ったときに、使える手がかりはさまざまにある。実際にその当時に生きていた人から直接に聞くこと、それが無理なら自伝や評伝や日記から「ふつうの日」の記述を読むこと。雑誌や新聞、広告や商品カタログ、絵画などもわかりやすいし、それを編纂した二次資料もたいへん便利だ。わたしが一九世紀の英国、ヴィクトリア時代の人びとのふるまいや考え方のくせについて考えるときに、頼りにしているのが「エチケット・ブック」である。

一八世紀、世界に先駆けて産業革命が起こった英国では、技術・産業の急激な進歩により、一九世紀のヴィクトリア時代（一八三七〜一九〇一）には繁栄の頂点を迎えた。イングランドとウェールズを合計した人口は、一九世紀の一〇〇年間

ウィリアム・パウエル・フリス『道路掃除人』1858年。道路を渡ろうとする着飾った貴婦人に、路上暮らしの少年がすかさず駆け寄って挨拶し、掃除する。ヴィクトリア時代の階級格差を表現した風俗画。

ヴィクトリア時代のクリスマスを描いた銀器磨きパウダーの広告。テーブルの端に席を占めた家長が肉を切り分ける。

で四倍に増え、ビジネスで豊かになった中流階級が勢力を拡大していった。余裕が出てきた彼ら、彼女らは、肉体労働で賃金を得て暮らす労働者階級の人びとを、自分たちの下に位置づけて区別し、貴族や地主たちからなる上流階級に少しでも近づこうとした。貴族と同じ教育を子どもたちに受けさせ、貴族の服装をまね、貴族の習慣と礼儀作法をまね……。上流階級の人びとのように、働かずに地代や金利の収入だけで贅沢に暮らすことまでは無理だとしても、ふるまいと生活習慣だけでも貴族とは同じになろうとした。そのための教科書がエチケット・ブックである。

こうした本は、とてもよく売れた。マイケル・カーティンの研究書『礼儀作法と地位』（一九八七）によると、一八三四年に発売された『エチケットのヒント』は、ヴィクトリア女王が即位した一八三七年までの三年間に一万二〇〇〇部を売り上げ、一八四九年までに第二六版に達したという。一八七三〜一九一一年のあいだに発売された『上流社交界のエチケット』は、合計九万一〇〇〇部。一九世紀後半にもっとも人気があったとされる『上流社交界のマナーとルール』は、一八七四年ごろから一九一三年まで、ほとんど毎年のように改訂されて版を重ね、三五版にも達した。種類も多いが、どうやら流用や摸倣も横行していたようだ。タイトルを変えたり、挿絵をつけたり、題と内容は同じままでなぜか著者名だけ変わったり、項目ごとにばら売りしたりと、手を変え品を変え、微妙に違うがほとんど似たような本があふれかえっていたという。

礼儀作法書の歴史

ヴィクトリア時代にエチケット本が大隆盛をみたからといって、「その時代の基準において粗野な人びとに、上品な礼儀作法を教えるための書物」が、それまでになかったというわけでもない。古代エジプトのパピルスに記された教訓から

ウィリアム・パウエル・フリス『貧困と富』1888年。屋根なしの馬車で行く裕福そうな人びと（左）と、魚屋に群がって安くなるのを待つ人びと（右）の対比。

始まり、中世の騎士の心得、「ナイフで歯をほじるな」「痰は痰壺に」といった根源的な「テーブルマナー」を説く教訓詩、ダンスや音楽なども紳士の教養にふくめる一七～八世紀の宮廷作法書まで、世相の変化に応じて、いつの時代も礼儀作法の需要はあったからだ。

しかし「理想の妻の条件」といったような女性の道徳を伝授するものをのぞけば、一八世紀までの作法書は男性読者に向けて書かれたものが多かった。つまり、勇気と愛をそなえた正義の騎士として敬意を集め、礼儀正しく教養ある廷臣として出世するための「ビジネス書」が主流であったといえるかもしれない。

ヴィクトリア時代のエチケットを求めて

一九世紀の「エチケット」本は、このような「礼儀作法の書」とは少し違っていた。書き手も読み手も女性が圧倒的に優勢であり、女性の道徳を説く読み物と、

ジョージ・アール『北へ』1893年。19世紀に発達した鉄道の駅では幅広い階級の人びとがすれ違う。

人付き合いの技術を教える実用書が、ジャンルとして分かれていった。一冊の本の構成も変化する。ヴィクトリア時代のエチケット本は、紹介や挨拶のし方から、正餐会や舞踏会のひらき方、旅行、冠婚葬祭など、人付き合いのシチュエーションに合わせた章立てを採用していた。一九世紀末に発行された本の章題を見ると、舞踏会のような古風な行事をのぞけば、現代日本の書店で売っているような本とあまり変わりがないようでもある。

本書も、このようなヴィクトリア時代のエチケット本におおまかにならって章の流れを構成し、当時の中流女性たちの社交生活を再現することを試みる。「この本があれば、ヴィクトリア時代のエチケットが身につく」「当時の社交界にとつぜん放り込まれても、生き延びることができる」――かどうかはわからないが、彼女たちの心情を想像し、エチケットによって何が起きるのか、何が得られたのか、その影響を見ていきたい。

ジェームズ・ティソ『汽車を待つ（ウィルズデン連絡駅）』1871～1873年。大きなトランクをたくさん足元に並べ、ロンドン近郊の駅で汽車を待つ旅姿の女性。

ジェームズ・ティソ『ブライズメイド』1883年。男性がドアを押さえ、花嫁付き添いの女性を馬車に乗せるところ。

column
社交界の年中行事

ジョージ五世とメアリー王妃の前で深々と腰を落とし、紹介を受ける。社交界にデビューする若い女性を「デビュタント」と呼ぶ。『ロンドンの社交カレンダー』1910年代。

ウィリアム・パウエル・フリス『オペラにて』1855年。上等な夜の正装に、手袋と外套（クローク）を身につけた若い女性。おそらくプライベートボックス席に座っているのだろう。

社交界とは何か

そもそも、社交界とはなんなのだろうか。

文字通りにとるなら、人と人とが社交をする世界のことだが、この言葉にまといつくイメージは、もっと高級そうでギラギラしている。本書における「一九世紀英国の社交界（ソサエティ）」とは「上流社交界」のこと。英語で「ハイ・ソサエティ」または「グッド・ソサエティ」「ファッショナブル・ソサエティ」などと呼ばれる、限られた人びとの集団をさす。

一九世紀半ば、政治家や貴婦人たちの相談役（ちょうよう）として重用された翻訳家・エッセイストのエイブラハム・ヘイワードは、「社交界とは何か」と問われたとき、こう答えたという。「我々の知っている人たち」だと。——つまり当時の社交界とは、互いに身内と認め合った知り合い同士がつくる、形のない村のようなものだったのかもしれない。

社交界は全体でひとつの村をなしているが、その内部にはまた小さな集団がある。ヴィクトリア女王を中心とした宮廷周辺のグループ。周りから一目置かれる上級貴族のグループ。女王の息子アルバート・エドワード、のちのエドワード七世が率いるグループは、彼のロンドンの住居から名をとって〝モールバラ・ハウス・セット〟と呼ばれ、メンバーは家柄や上品さよりも、裕

chapter 0

1910年代前半のアスコット競技場に紳士淑女が集う。女性たちはさまざまな明るい色のドレスに大きな帽子をかぶり、男性はグレーまたは黒のモーニングを着ている。『ロンドンの社交カレンダー』より。

福さ、賭け事やスポーツの好み、美貌などの要素で選ばれていた。芸術家や文学界の名士のグループや、金融で財をなした集団などもいた。

背景の文化や関心事、何よりも財産の大小によって仲間集団（セット）どうしに壁はあったが、部分的に重なるところもあったはずだ。当時の社交界に足を踏み入れようとする志望者は、集団どうしの接点を観察し、突破口を見つけて、より内側、より中心を目指していったことだろう。

社交界入りの儀式とその資格

さて、ヴィクトリア時代後半の上流社交界に出入りする家に生まれついた「良家の令嬢」であれば、一七〜一八歳になると、春のロンドン、バッキンガム宮殿に赴き、女王か王太子夫妻に紹介された。独特の宮廷用ドレスに身を包み、初めて王族の前に出て、練習を重ねた深いお辞儀（じぎ）を披露（ひろう）することで、「社交界デビュー（カミングアウト）」のあかしとなる。こうして「デビュー」できた人は社交界に入ったものとみなされた。上流階級の男性と結婚した既婚女性も改めて拝謁を受けた。

王宮拝謁は、かつては上流階級の貴族や地主に許された栄誉だった。しかし『上流社交界のマナーと慣習』（一八七九）によれば、このころまでに、中流階級のうち上層部の妻や娘にも門戸が開かれていたことがわかる。すなわち、上級の法律家、陸海軍の将校、聖職者、内科医など、伝統的に紳士のものとされる専門職と、貿易業・金融業・製造業で成功した資本家、大商人、高名な芸術家などがそれにあたる。「商売をしている人」は紳士ではないと見下されたので、自身または父親や夫が実質的な小売業にかかわっている女性は「厳しい線引き」によってはねつけられ、王宮に上がることはできなかったという。

また、この儀式の基準には厳しいモラルが求められ、不倫、離婚、駆け落ちなどの「醜聞」も敬遠された。たとえば、セント・レナーズ卿エドワード・サグデンは、一八五二年に法律家として最高位である大法官まで上り詰め、男爵位を授与された。通常ならこのとき妻は拝謁を賜ることができるはずだったが、締め出されてしまう。これは、夫妻が若いころ、正式に結婚する前に駆け落ち・同居して子どもをもうけたという過去のいきさつが原因と考えられる。遠い過去の出来事でも、女王の求める基準には達しなかったのだろう。

何らかの私的な事情で締め出された人、身分が水準に達しない人、そもそも豪奢な宮廷用ドレスや行儀作法のレッスンなどにかかる多額のデビュー費用が払えそうにない人は、何か別の道を探すことになる。

なお、この拝謁の儀式は一九五八年まで

着飾って公園をそぞろ歩く（プロムナード）のは社交の方法のひとつ。1910年代。

続いたが、エリザベス二世の代で廃止された。

ロンドン社交期と「お洒落な住所」

ヴィクトリア女王時代、春から初夏のロンドンでは、令嬢のデビューのみならず数多くの社交界の催しがあり、上流階級の人びとの多くが、こぞって田園の領地から首都に集まった。この期間のことを「ロンドン社交期（シーズン）」と呼ぶ。

裕福な貴族や地主なら自前のタウンハウスに移り、そうでなければ他人の家を借りて仮住まいにする。最上級の集団は、グリーン・パークに接するセント・ジェームズ地域、ハイド・パークの隣のメイフェア地域、住所でいうとパーク・レーン、ピカデリー、グロブナー・スクウェアあたりに立派な住居を持っていた。彼らに追いつきたい階級の人びとは、ハイド・パークの南のケンジントン、北のベイズウォーターなどの住宅街に住んだ。資金が足りない人は、ロンドンの郊外に居をかまえ、鉄道で社交期に通ったという。「訪問カード」（第1章参照）に刷ることのできる住所が、上流らしくお洒落（しゃれ）な印象を与えるかどうかは重要な関心事であった。

ロンドン社交期のイベント

もともと一年ごとに社交界がまるごとロンドンに引っ越してくるようになったのは、議会の開会に合わせてのことだった。称号のある世襲（せしゅう）貴族の当主なら自動的に貴族院に議席を占めた。それ以外の野心と公共心を持つ男性なら、選挙で選ばれて庶民院に

5月または6月にエプソム競馬場でおこなわれるダービーの翌日曜日には、ハイド・パークに会員制馬車クラブが集合し、見物人でごった返す。1910年代。

ジェームズ・ティソ『温室にて（ライバルたち）』1875～1878年ごろ。アフタヌーン・ティーに招いたお客を、おそろいのドレスの姉妹がもてなしている。

入り、政治にかかわるのが紳士らしく生きる道のひとつであった。ヴィクトリア時代には、議会の始まりは二月からとなっていた。

とはいえ、社交期が本格的に幕を開けるのは五月の初め、「王立芸術院（ロイヤル・アカデミー）」年次展覧会の内覧（ないらん）日からだ。最盛期になると、連日のように舞踏会、正餐会、さまざまな形態のパーティーがひらかれた。昼にはハイド・パークのロットン・ロウで乗馬、夕方には屋根なしの馬車で出かけていき、お茶の時間には親しい友人を訪ね、あるいはもてなしもした。展覧会、音楽会、オペラや演劇の鑑賞も、競馬、ポロ、クリケット、ボートのようなスポーツの観戦も、社交の一環となった。上流の紳士淑女にとって、イベントそのものよりも、仲間と会って挨拶をかわし、着飾った姿を見たり見られたりすることのほうが目的であったらしい。

社交界の一年

八月にはワイト島のカウズで王室が後援

エドワード・ジョン・グレゴリー『ボルター閘門（こうもん）、日曜の午後』1897～1898年。手漕ぎボートや蒸気船でごった返すテムズ川。

するヨット大会がある。女王はこの島の離宮オズボーン・ハウスへ移り、周辺の上流グループもこぞって移動した。そんなわけでこの時期は「カウズ・ウィーク」と呼ばれる。

八月一二日――ライチョウ狩りが解禁される「栄光の一二日（グロリアス・トゥエルフス）」が訪れると、ロンドン社交期は完全に終わり、上流の人びとは

ノーフォーク州の別邸「サンドリンガム・ハウス」にて、銃猟に興じるエドワード七世。1900年代。

ジェームズ・ティソ『船上の舞踏会』1874年。昼間の船でひらかれるダンス・パーティーなので、女性たちは夜間用のイブニング・ドレスではなく長袖のちょっと華美なドレスに、帽子をかぶっている。夜の舞踏会では帽子はかぶらない。

鳥撃ちのできるスコットランド方面へ去った。

九月一日にはヤマウズラ、一〇月一日にはキジ撃ちが解禁になる。事前に領地で育てておいた野鳥を大量に放ち、茂みを叩かせて飛び出したところを散弾銃で狙って撃つ。このような「銃猟(シューティング)」は、ヴィクトリア時代に手法が洗練されていき、数日間の週末パーティーがさかんにひらかれるようになった。銃猟に向いた土地と客を泊められる美しい屋敷を保有し、猟場番人に獲物を育てさせ、射撃の名手、話し上手の才人、美女たちをそろえて王太子や有力貴族を招く、というのは、上昇志向を持つ人々にとって社交界での出世の道のひとつだった。もちろん、王室の方々が満足するようなもてなしをやってのけるには、多大な予算と相応の人脈が必要だ。

猟犬を駆って乗馬で害獣の狐を追いかける「狐狩り(ハンティング)」は、暗黙の了解により一一月から四月がシーズンとされていた。こうして秋から冬にかけての社交の場は、田園地帯のカントリー・ハウス滞在型パーティーとなる。ハントにともなう舞踏会や、家族が中心のクリスマス・パーティー、年越しや新年の豪勢なパーティーを経て、春が来る前に暖かい南欧のリゾート地や海辺の町に避寒に行くことも流行した。

そしてまた春がめぐってくる。繁栄期の英国における上流社交界は、国の端から端へ、時には国外へ、まるごと移動しながら活動していた。

子どものためのクリスマス・パーティー。『ロンドンの社交カレンダー』1910年代。

第1章

訪問とカードの使い方

ジョージ・グッドウィン・キルバーン『貧乏な親戚』1875年。裕福な中流階級の趣味で整えられた応接間で、女主人（左）が、よく似た面差しの若い女性とその父親の訪問を受けている。金の相談だろうか。

エチケット・ブックの読者と作者

商業の中心であるイングランドのような国では、次々と人は出世していきます。小店主は大商人に、機械工が工場主に。富を手に入れると、ぜいたくな生活スタイル、高価な家具、豪華な銀器など、無駄なほど過剰なものを好むようになりますが、彼らはその有効な使い道をわかっていません。楽しみが手に入るようになっても、その出世のスピードに見合うようにマナーも磨いている人はまれです。そのような人たちは、野心を抱いて社交界に乗り込もうとしたとき、お金の力だけでは受け入れてはもらえないということを、しばしば苦い屈辱とともに思い知らされることになるのです。

『エチケットのヒントと社交界の慣習』（一八四九年　第二六版）

ヴィクトリア時代前半のエチケット・

ブックには、読者を「お金だけはあり、階級のはしごを一段上がろうとしているが、マナーがなっていない、下品な人たち」と位置づけ、「上品な人びと」に受け入れられるマナーを教えてあげよう、という態度で書かれているものが多い。急に豊かになって階級上昇に励む中流階級、というのはステレオタイプ的な見方ではあるが、たしかに存在したからだ。

左から、総合的なエチケットの本、雑談のヒントに特化した本、右2冊はダンスや舞踏会の本。1880 ～ 1900年代。

なかには、読み手が自分を投影しやすいよう、具体的な人物像を想定したテキストもあった。「貴族の親戚がいる牧師の娘」や「上流の叔母がいる田舎育ちの若い女性」、「両親を介護していたために社交の経験が足りない若い妻」などなど——上品な教養と身分はあるが、社交の知識と経験には欠け、地味であか抜けない新婚の若妻、というヒロイン像が見えてくる。これは実は、ほんとうの読者層より収入も環境もちょっと高めの線で書いたものらしく、受け手の虚栄心と未知の世界への好奇心をくすぐったのだろう。

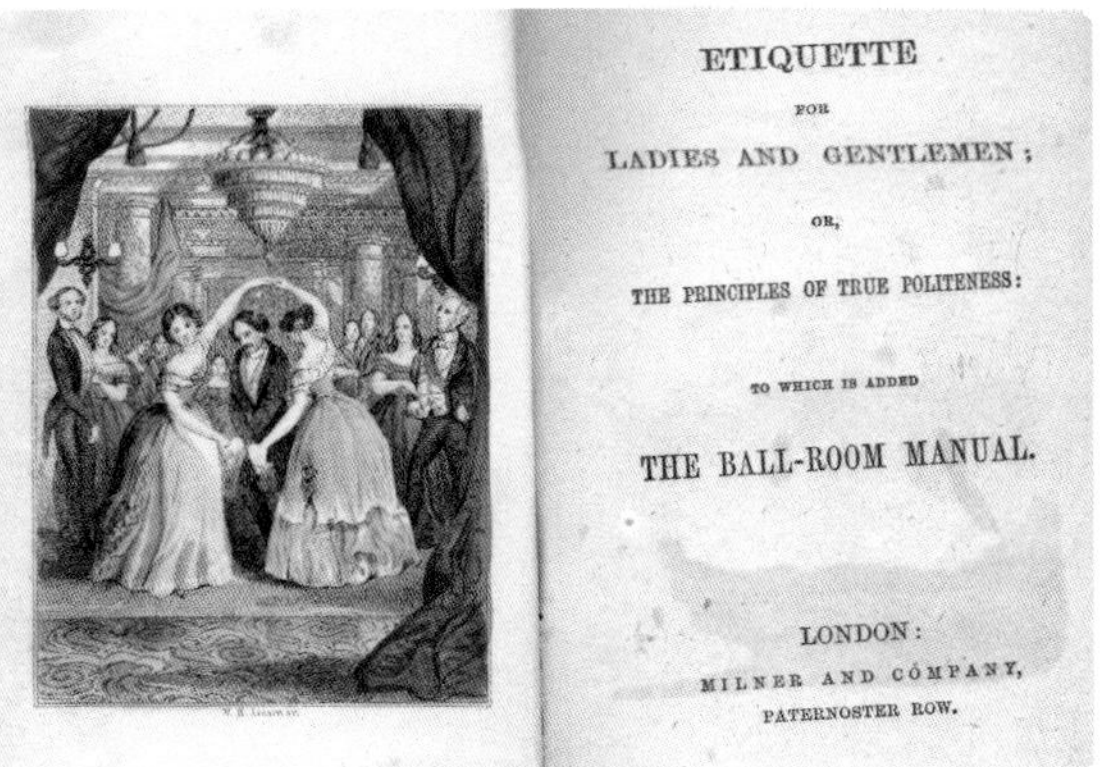
ETIQUETTE
FOR
LADIES AND GENTLEMEN;
OR,
THE PRINCIPLES OF TRUE POLITENESS:
TO WHICH IS ADDED
THE BALL-ROOM MANUAL.
LONDON:
MILNER AND COMPANY,
PATERNOSTER ROW.

着彩された口絵のある小さなエチケット・ブック、1862年。

　一方、書き手側はというと、「貴族の一員」や「社交界の通人」「王室関係者」「○○○○伯爵夫人」などの筆名で、上流階級に属することを匂わせながら、本名を隠した作者が多い。しかし、匿名を使っている時点でその正体は怪しい。出版社の身になって考えれば、信憑性と話題性を高めるために、高額の報酬を積んでも実在する貴族の名前を使いたかったはずなのに、そうしたものは数が少ない。「王室に近い人間」を名乗っていた匿名の著者が、版を重ねると、本の中身はそのままで実名に変わり、王室や貴族とのつながりはとくになかった、という例もある。「エチケットの本を書く」のは貴族にとって恥と思われていた形跡もあるが、高貴な身分をうたう筆名の裏に、実体はほとんどなかったというのが真相に近いところだろう。

社交界への道

エチケットとは、社交界の周囲に築かれた防壁です。「法」の力が及ばない保護を与え、生意気な人、不作法な人、下品な人の侵入を防ぐ盾となるものです。才能もデリカシーも持ち合わせない鈍感な人たちは、いつでも押し入ろうとするものですが、社交界においては、そうした人の存在は、感情や習慣が異なるため、時に不快を招き、耐えがたいものとなるのです。

『エチケットのヒントと社交界の慣習』（一八四九）

エチケットは旅行者には欠かせないパスポート、［中略］紳士淑女をひとつのグループに束ねるシルクのひも、上品な人間を区別するしるし、そして野心を抱く者がためされる基準です。

『レディのためのエチケットのマニュアル』（一八五六）

ジョバンニ・ボルディーニ『コリン・キャンベル卿夫人』1897年。1857年に地主の娘ガートルード・エリザベス・ブラッドとして生まれ、アーガイル公爵子息の妻となったが、1886年、自らの婚外恋愛が原因で夫に離婚裁判を起こされ、一大スキャンダルに。『上流社交界のエチケット』の編纂者として実名を出したのは、「夫の名前をあえて傷つけたかったから」という説もある。

社交界とは、前の項で述べたとおり貴族や地主からなる上流階級の人びとが交際するコミュニティだ。そこには、権力・権威をなるべく少数の人間の手中にとどめ、新参者が増えすぎないように防ごうとする力が働く。社交界に属する家系に生まれ育った人なら、当然身につけているはずの風習も、外部の人間にはわからない。そのため、貴族の世界の基本的な交際のルールに通じているかどうかが内と外を判別する基準になった。エチケットが社交界を「下品な人たち」から守る壁となり、また、壁を通り抜ける合言葉ともなったのだろう。

エチケット・ブックの著者たちは、上昇志向をもつ社交界のよそ者に、壁抜けの方法を教えてあげよう、と口々に誘いかける。では、その方法は具体的にはどんなものだったのだろうか。

アルフレッド・スティーブンズ『訪問』1870年代。ショールや帽子で外出にふさわしく装った女性が、ガウンでくつろぐ女性を訪問している。

付き合いの開始――田園地帯の場合

ここで、あなたがこのエチケット・ブックを必要とするような階層に属する、リアルタイムの読者であったと仮定しよう。ビジネスで成功した夫を持つ若妻かもしれないし、植民地生まれの地主の遠縁かもしれない。あるいは、もとはメイドやお針子など労働者階級の出身であったのが、そこそこのお金持ちの心をつかんで玉の輿に乗ったのかもしれない。経験や知識は少ないけれど、「社交界」に漠然としたあこがれと野心を抱いた既婚の若い女性が、どうしたらそこへ仲間入りして、みんなに尊敬される地位に上がれるのだろうかと、ヒントを求めてエチケットの本をめくる。すると、本の始めのほうに、「紹介」や「訪問」の方法を見つけることができるだろう。

あなたが住む場所が、田園地帯か都会かで、社交界に入る方法は変わる。田園では、広大な土地を持つ貴族、地主、教区の牧師などが近隣の地域で上層を占める紳士淑女のコミュニティを形成していた。それならさっそく一番えらい方にご挨拶に行かなければ――と思うのは現代日本の感覚であって、土地の有力者のほうから新入りを訪ねるのが伝統的なしきたりだった。

中流階級のあなたの家には、『社交の習慣』（一八九六）によれば、おそらく「地元教区の牧師と夫人と、娘」が真っ先に訪ねてくれるはずだ。それに続いて地域の社交界の人びと、すなわち近隣教区の牧師や、近くの地主一家などが遅かれ早かれ来てくれる。相手からの訪問が無事にすめば、お返しにこちらからも出かけて行き、交流を始めることになる。付き合いの開始も、深めていくかどうか、続けるかどうかも、基本的に格上の側に選択権があった。

引っ越した先で始まる付き合いの方向を、「家」が左右する場合もある。少しあとの時代の『社交界の方法』（一九一四）によると、たとえ前の住人と血縁や付き合いがなくても、引っ越した「家」に悪い評判がついていると、誰も来てくれないこともあったという。また、家計が苦しくなって小さな家に移り住んだりすると、以前より「格の低い」相手しか訪ねてこなくなる。社交界での地位を高めたいなら、住み心地や利便だけでなく、家の大きさも考慮に入れる必要があったようだ。

都会の社交界、初めの一歩

イニシャルを大文字で「社交界（Society）」と思い入れたっぷりに表記される場合、それはとくに指定がなくても、「ロンドンの上流社交界」をさした。この英国上流社交界の人びとは、五～七月の初夏になると、議会の開会に合わせてロンドンに集まった。自分の持ち家のタウン・ハウスに引っ越したり、一等地のお洒落な住所に借家を手配するなどして、「ロンドン社交期」に繰り出すのだ。

〈社交界の成功を競うライバル〉公爵夫人邸の小規模な一流のパーティーで、身分と称号はないが美貌で出世してきたふたりが火花を散らす。「どうやってここまで（のし上がって）来たの？」「もちろん馬車でよ。歩いてくるわけないじゃない」ジョージ・デュ・モーリエの風刺漫画。『パンチ』1880年6月5日。

ケンジントンやベイズウォーターあたりの、超上流ではないが「ちょっと良い社交界」のようす。チャールズ・エア・パスコー『今日のロンドン』1893年版。

〈もっと違う言い方をするんだった〉一軒の建物を薄い壁で仕切った中流向けの郊外住宅「セミ・デタッチト・ハウス」でお隣どうしのふたり。「最近あまり会わないわね」「でも、あなたがそっちにいるのは壁越しにわかるから安心するわ」『パンチ』1889年6月15日。

社交界とのつながりをまだ築けていないあなたが、「社交期」に合わせていきなりロンドンに出て行こうとするのは、ちょっと無謀かもしれない。都会は田舎と違って、待っていても有力者が訪ねてくれるということはないのだから。しかし、ロンドン社交界での「初めの一歩」がどこにあるのか、実例が事細かに書いてある本は少ない。

有り余る財力をほこる「新興成金」のなかには「誰でも連れてきてよい豪華な晩餐会」を大々的にひらいてつながりを作ろうとする人もいたという。また、一九世紀末から二〇世紀の初めには、困窮した貴族の女性が、高額な報酬と引き換えに、若い娘を社交界へ紹介するビジネスをしていたという記述もある。ハンフリー夫人『毎日のエチケット』(一九〇二)によると、そういった女性の報酬額は「週ごと」に一〇ギニー(一〇ポンド一〇シリング、下級のメイドの「年収」程度に相当)から、社交期一回につき驚きの一〇〇〇ポンド(小地主の年収に相当)まで幅

ロンドン社交期、昼間のハイド・パークには、そぞろ歩きにふさわしい装いの男女が集う。『カッセルズ・ファミリー・マガジン』1891年。

があったという。

いずれにせよ、金に糸目をつけずに地位を買うというのは一般的な中流階級の若妻にできることではない。まずは親しい友人、親戚や知り合いから始めて、その知り合い、さらにその知り合いと仲介を頼んでいくことになるだろう。

「紹介」の手順

これはという相手とぜひ近づきになりたいと思ったとき、たとえば互いに知らない大人数が集まる他人のパーティーで、雑誌か何かで一方的に顔を知っている有名人を見かけたからといって、いきなり近づいて自己紹介など始めたら、それは重大なエチケット違反であった。必ず双方とつながりのある誰かに紹介してもらわなければならない。

「紹介」は、原則として身分の低い者を高い者に向けておこなう。たとえば庶民のA夫人が貴族のB卿夫人に紹介してもらいたい場合、仲介者はかならず身分の

老貴婦人が、身分のない友人の若い女性に親戚の紳士たちを紹介。階級や年齢に差があっても、社交の手続き上は、男性より女性を目上として扱う。『カッセルズ・ファミリー・マガジン』1883年。

高いほうの意向を事前に確認した。逆をいうと、身分が高い人が低い人と近づきになりたい場合は、低いほうの意志の確認は必須というわけではない、という本もある。ともあれ、了解がとれれば引き合わせ、「A夫人です――B卿夫人」と紹介する。順番が逆になってはいけない。

男性と女性を引き合わせるときは、女性の意向を確認してから、男性を女性に紹介する。つまり、個別の身分よりも、性別による関係が先行し、エチケット上のさまざまな場面では、女性が男性よりも上の扱いになった。だからといって、当時の女性の地位が男性より高かったとはいえない。

ヴィクトリア時代の社会では、「体力のみならず、知力、理性などの面で、男性は女性よりも本来的に優れている」とし、下の立場である娘は父の、妻は夫の意向にしたがうべき、とする価値観がひろく共有されていたからだ。たとえば『レディのためのエチケットのポケット・ブック』(一八三五)は、紹介の際、

chapter 1

エチケットにおいて女性は男性よりも上の立場で、男性を女性に紹介するという基本のルールを紹介したあと、ただし、集団としては女性は男性の下であり、「男性が集まっている部屋に女性が入った場合は、女性を紹介する」「個別的には男性に優先するが、男性が多数の場合は優先しない」としていた。

なお、身分・地位・性別が同じ場合は、未婚よりも既婚、年齢の高いほうが目上として扱われた。

パーティーでは、まだ紹介されていない相手と会話が発生することも。『カッセルズ・ファミリー・マガジン』1887年。

手紙での紹介

どんなエチケット・ブックをひらいても、友人に仲介を頼まれたなら、細心の注意を払うべきで、よほどの深く親しい間柄で、人柄がよくわかっているときに限る、と念押ししてある。それでもぜひともあの人を紹介してほしい、少しでも力のあるつながりがほしいと思ったあなたは、仲良しの友人に紹介の手紙を書いてもらうことにする。

仲介を頼まれた人は、目当ての相手に対して「わたしの友人が街に来ているので、ぜひ訪ねてみてください。良い人で、趣味が合うと思うので……」などなどと、礼儀正しく形式にのっとり、かつ親しみのこもった文面を便箋にしたためると、封筒に入れて封蠟をつけ、しかし「封は閉じないで」、もし中身を確認したいなら読める状態で渡してくれるはずだ。あなたはその封筒に、自分の住所を印刷した「訪問カード」を添え、少しワックスを足してあらためて封をし、目当ての人に送る。

紹介の手紙を、決して自分で持参してはいけません。この上もなくみっともない目にあうことになるでしょう。相手が手紙を読むあいだ、あなたはまるで返事を持ち帰るよう命じられた使用人のごとくに待つはめになります。［中略］送られてきた手紙を無視するような人はマナーがないと言えますが、もしこういう相手に直接手紙を持参したとしたら、ひどく無礼な扱いを受けるのは確実です。相手に選択の余地を与えるほうが、少なくともあなたの側では、丁寧で感じの良い態度といえます。もし手紙を受け取った人がほんとうに育ちの良い人なら、翌日にはあなたの家を訪ねてくれるか、カードを置きに来てくれるでしょう。そうしたら、あなたはその週のうちにお返しをしなければなりません。

『ラウトリッジのエチケットの手引き』（一八七〇年代）

返事がまったくなければ、あきらめること。「訪問を受けた」なら、一歩進展のしるしだ。「カードだけが届けられた」ならほとんど失敗かもしれないが、いずれにせよあなたは次のステップに進む。マナー違反をしないよう、注意深く距離を詰めていくのが基本のルールである。

訪問カードはシンプル

洗練の足りない、育ちの悪い人間が見れば、訪問カードはくだらない、取るに足りないただの紙切れにすぎません。しかし、社交の掟を学んだ者には、微妙な、あやまちようのない情報を伝えてくれるのです。紙の風合い、字体、そのカードが置かれていった時間帯さえもあいまって、そこに書かれた名前の見知らぬ人が、気持ちのよい態度なのか不愉快なのかを判別できます。マナーや、話し方や、顔よりも前に、訪問カードを見ればその人の社会的地位は手に取るようにわかってしまいます。

『流行の鑑』（一八八一）

訪問カードと「訪問」には細かなルールがある。とりわけカードの使い方はややこしいので、エチケット・ブックや雑誌のマナー入門記事でも、かならず多くのページを割いて解説されている。

ヴィクトリア時代後期の訪問カードのサイズは、女性用は縦二・五×横三・五インチ（約六・四×八・九センチメートル）。男性用のほうが小さく、一・五インチ×三インチ（約三・八×七・六センチメートル）。男性であれば所属する紳士クラブ、女性なら「在宅」の曜日を、白く薄い紙に、シンプルな字体で印刷する。

英国において、色刷りや凝ったデザインのカードは、エチケット・ブックの記述によれば、品の良いものとはみなされなかった。モーリス・リカーズ『紙もの事典』（二〇〇〇）によると、ビジネス用名刺やショップカードや、ヨーロッパや

レベッカ・ソロモン『面会の約束』1861年。外出から戻って手紙を読む女性。鏡の向こうには、その送り主と思われる男性の姿が見える。

アメリカで作られた訪問カードは、華やかで凝ったデザインのものが多く、それらと異なり、一九世紀後半の英国における私的な訪問カードの仕様は厳密で簡素であったという。商売として目をひくためではなく、個人的な社交に使うものなので、シンプルで上品なものに限る、というプライドと美意識が感じられる。

公爵から子爵までの貴族当主とその妻は「デボンシャー公爵夫人」「ネルソン子爵」のように爵位の名を記す。それ以外の人は、レディ、ロード、サー、ミセス、ミスター、牧師やドクターといった正しい敬称とともに名前か爵位名を記す。准男爵やナイトの種類を示す略字は原則としてつけない。すると、カードの敬称を見ただけでは身分がわからない状況も起きるが、相手が貴族ならあとで手持ちの『バーク』か『デブレット』の分厚い貴族名鑑［あらゆる貴族の家系の歴史を先祖までさかのぼって解説した年鑑］を引けばきっと出ているから問題ない。そしてここにも「私的な、個人と個人の関係です

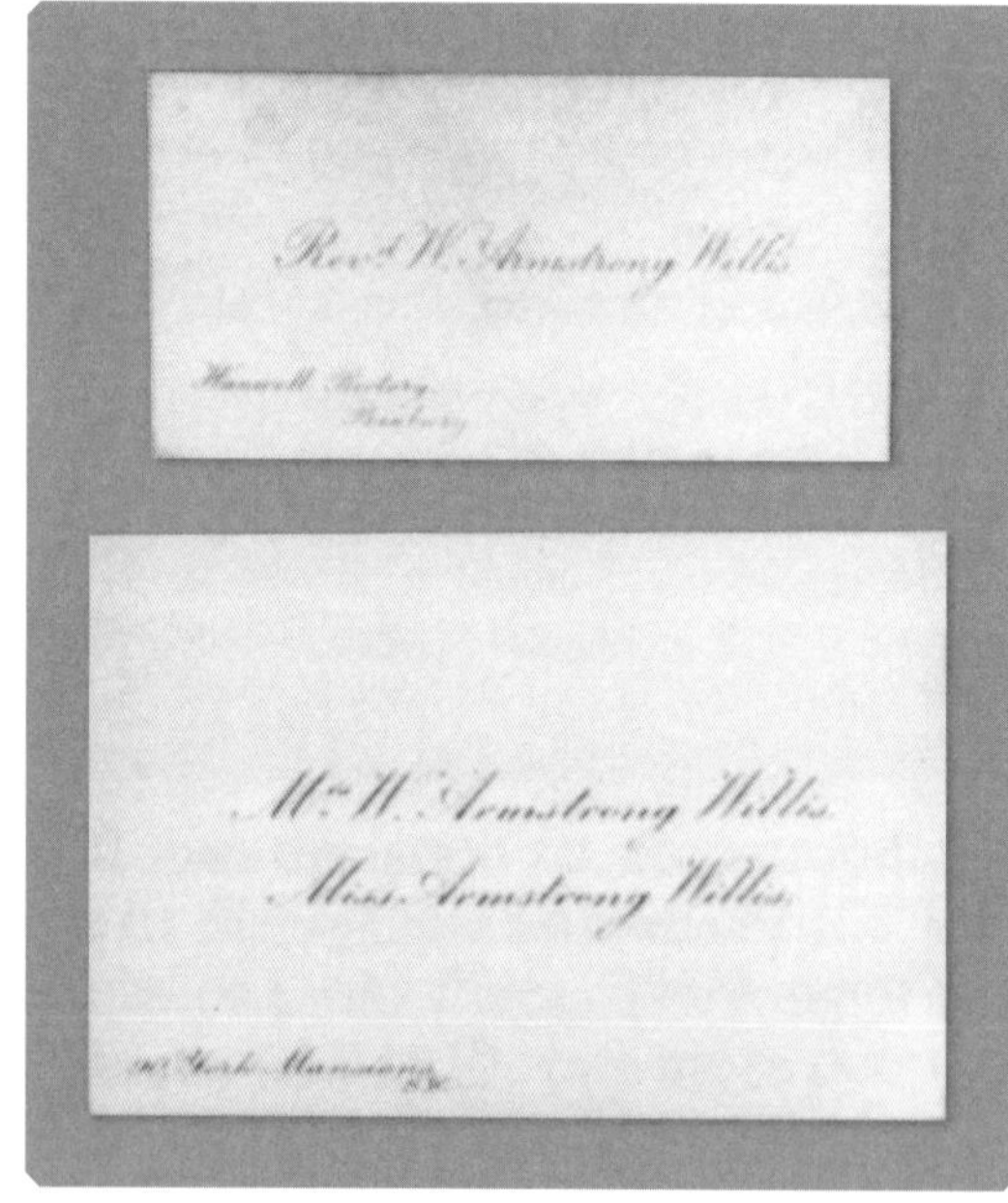

上は夫の訪問カードで4×7.5センチメートル。下のカードには妻と娘の名前が一緒に印刷されており、6×9センチメートル。男性より女性のカードの方が大きい。1900年頃。

19世紀初頭にロンドンで作られた訪問カード。縁取りの装飾や凹刻印刷、着色がほどこされていて華やかだが、19世紀後半には簡素に様式化されていく。

よ」という前提で始めたがる、控えめな表現を好む文化がにじみ出ているように思われる。もっとも、いざ付き合いが始まれば、細かなルールを守り、肩書や上下関係は完璧に把握していることが求められるのだが。

訪問の手順はとても複雑

女性たちは、よほど親しい友人以外の知人の「訪問」を、午後の昼食後、夕食の前に、三時〜五時くらいまで、アポイントメントなしで受ける慣習があった。この儀礼的な訪問のことを（すでに午後ではあるが）「朝の訪問（モーニング・コール）」と呼んだ。

では、あなたが「訪問」に出かけたとする。相手があなたの同等かそれ以上の紳士淑女の家であれば、玄関のベルを鳴らすと使用人が出迎えるだろう。大貴族の家なら立派なお仕着せを着たハンサムなフットマンがすまして出てくるだろうし、つつましい下層中流階級の家なら、料理や掃除などの家事を一手に引き受けるメイド・オブ・オールワークが、家事の手を止め、きれいなエプロンをあわててつかんで飛んでくる。

さしあたり、相手もあなたと同程度の中流階級で、メイドが出てきたとする。さて、彼女に女主人への取り次ぎを頼むのか？　それとも、訪問があったことを知らせる合図に、自分のカードを渡すだけ？　ここでは、まず相手から受けた行為をそのまま返すことが基本の手順となる。訪問を受けているなら「奥様は在宅かどうか」聞いて、取り次ぎを頼む。相

The Misses Colby.	*Mrs. George B. Berry.* *Miss Berry.* *Tuesdays.　6 Madison Square.*
Dr. & Mrs. A. G. Bebee. *Wednesday.　165 Park Ave.*	*Clarkson F. Jacques.* *Farrington & Co.,* *New Orleans, La.*
Miss Dalrymple.	*Mr. & Mrs. A. Bruen.* *Miss Bruen.*
Mary D. Wells, M. D.	*Mrs. John Johnson.* *Five o'clock Tea.* *Monday, May 16, 5-8.*

1880年代アメリカの礼儀指南書に掲載された訪問カードのサンプル集。中央に敬称つきで名前を置き、右下に住所、左下に訪問を受け付ける曜日などを記している。

手からカードだけを受け取っていたなら、メイドに「何某夫人へ」と伝え、カードだけを託して帰る。

首尾よく会えることになったら、長居をしないという意思表示に帽子やコートや手袋は外さずに、メイドに先導されて応接間に向かう。女主人と握手をして、席をすすめられたら、一五～二〇分程度、行儀のよい会話をかわす。帰るとき、さりげなく玄関ホールのテーブルに「夫のカードを二枚」置いて帰る。ホール・テーブルに「カード受け」が置いてある場合もあるが、これは罠のようなもので、ここに入れるのは不作法なのだそうだ。応接間まで通されたとき、その部屋のテーブルに置いてくるのもハズレ。ホールのテーブルにそっと置いてくるのが正解である。

逆にいえば、ホール、あるいは玄関を入ってすぐの廊下（いくら狭くてもこれもホールと呼ばれる）には、こうした社交を

貴族の女性の応接間に男性の訪問者が入ってくる。『カッセルズ・ファミリー・マガジン』1883年。

女主人「嬉しいことに、うちはご近所でも呼び鈴の鳴る回数が一番多いのよ」（人気がある、という自慢）訪問客「そうね、あたくしも5回も鳴らしたわ」（呼んでも来ない怠け者のメイドを雇っているだけでしょ、という嫌味）『パンチ』1889年7月6日。

する家なら、テーブルがあるのが当然だった。限られたスペースにおさめるために、天板を半円にして壁にぴったりくっつけるタイプのホール・テーブルや、傘立て・帽子かけと一体化した家具などもさかんに使われていた。

さて、応対に出てきたメイドに「不在でございます」と言われる可能性は高い。これはほんとうの留守を意味するとは限らず、実は奥で別のことをしているのかもしれない。しかし「ノット・アット・ホーム」という返事は、「嘘をつこう」としているわけではなく、何らかの理由で訪問者に会いたくないことを示すときの言い方」（『上流社交界のマナーと慣習』一八七九）であり、社交上認められた定型の表現だった。居留守を使われても傷ついてはいけないのだ。

このように会えなかったときもカードだけを置いていくが、「使用人でなくわたしが直接来ましたよ」ということを伝える「証拠」として、カードの端を一か所、折っておく習慣があった。また、端を折ることでもうひとつ、その一枚で、目当ての女性だけではなく、一緒に住んでいる大人の娘や親戚の女性たち全員あてですよという意思表示もできた。しか

コートや帽子かけ、傘立て、鏡とホール・テーブルが一体になったコンパクト家具。廊下（ホール）の狭い中流タウンハウス向き。百貨店ハロッズの商品カタログ、1895年。

「奥様は不在でございます」「えっ、失礼じゃが、今しがた家に入られるところを見たぞ？」「ええ――奥様もあなたを見たと思いますよ！」居留守は社交の常識。アーサー・ホプキンズ作、『パンチ』1899年11月1日。

し、端を折るのは女性のカードだけで、夫のカードは決して折らない。

相手の女性に直接会えたときは、自分のカードは残さない。ただし「住所をお伝えするため」と断って、初回の訪問時だけ置いて帰る場合もある。そのときも、手渡しではなくホールのテーブルに残す。つまり訪問カードは原則として「直接会う代わり」に使うものであり、日本の名刺のように、面と向かってお辞儀をしながら交換しあうものではなかった。

残されたカードを、あなたはのちに回収するが、身分の高い人のものはさりげなく長めに置いたままにするかもしれない。あとから来た人が感心してくれるだろうから。

訪問カードに表れる女性の立場

当時の上流階級の人びとは、一年を通じて住居を移動しながら生活していた。裕福な貴族であれば、自前の大邸宅をあちこちに持っていて、季節の行事に合わせて家族や一部の使用人を引き連れ、引っ越しを繰り返しながら暮らしていた。中流階級の人びとも、そんな貴族の生活サイクルをまねた。春から初夏の社交期はロンドンやその近郊に家を借り、それ以外の時期には、海辺や温泉地、湖や高山地帯などへ避暑旅行することもあった。近づきになった友人知人と同じ町にいるときは、まずカードを届けて、自分が近くにいることを知らせる。都会から去るときの別れの挨拶にもカードを使う。この場合は「おいとまごい」を意味するフランス語の頭文字で「P. P. C.」と下端に書き添えた。

正餐会や舞踏会などの正式なもてなしを受けたあとには、翌日すぐにお礼のカードを届けに行く。このように、訪問カードは紳士淑女の社交生活の節目（ふしめ）に欠かせないものになっていた。

「訪問」と「カード置き」を精力的におこなうのは女性たちだった。男性は、妻と連れ立って出かけたり、独身男性が意中の令嬢を訪ねたりすることもなくはなかったが、男どうしの友人関係を求めるなら会員制の紳士クラブに行けばよく、儀式ばった家庭の訪問には女性ほど関心を示さないことが多かったようだ。かといって、女性が男性たちの社会から完全に離れて独自の世界を築いていたともいえない。前述の通り、あなたが友人の家に挨拶代わりに「カードを置き」に行って、会わずに帰るとすると、三枚のカードを渡すことになる。一枚はあなた自身のカードで、当然友人あて。そして二枚

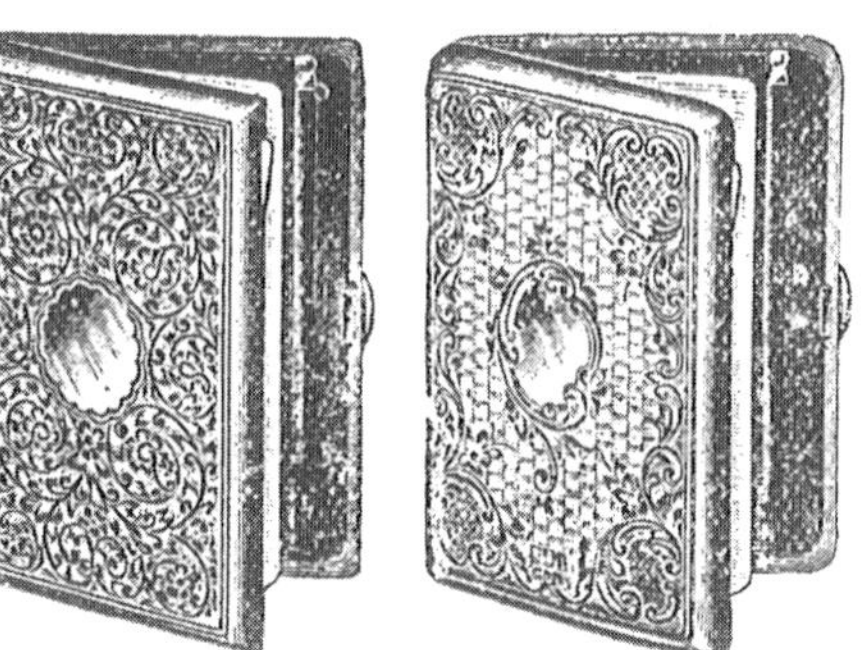

女性用のシルバーの訪問カード入れ。「陸軍・海軍ストア」の商品カタログ、1907年。

〈ティットウィロー夫妻、おいとまごいをいたします（P.P.C.)〉町を離れるとき訪問カードに添える定型文をタイトルにした空想的ひとこま。『パンチ』1867年8月31日。

は夫のカードで、うち一枚は友人あて、そしてもう一枚は彼女の夫に残すのだ。

未婚の若い娘は、原則として自分の名前のカードは持たない。その決まりに反することは「非常に悪い態度」とみなされた。娘は母親のカードの下に、「ミス誰某」と名前を印刷する。母親が存命でない場合は、父親の名前のカードに娘の名も印刷する。ただしこの場合は、かならず男性サイズの小さいカードでなければならない。父親もいない場合は兄弟のカードを同じように利用する。

両親も兄弟もおらず、親戚や友人の女性の世話を受けながら社交界に出ている若い未婚の女性は、その保護者の名の下に、鉛筆で名前を書き添える。

既婚の女性は、夫の姓に敬称をつけて呼ばれる。しかし書面においてファーストネームで区別する必要がある場合などには、自分ではなく夫の名前を使う。現在も一部で続いている習慣だが、たとえばミスター・フィリップ・ウィンザーの妻は、ミセス・エリザベス・ウィンザー

女性たちの応接間は、ものすごくハンサムで危険な男性の噂で持ち切り——いよいよ現れた噂の男（左端）は意外にも……？『パンチ』1884年12月9日。

ではなく、ミセス・フィリップ・ウィンザーと記すのが正式だ。当時、結婚した女性は、あらゆる場面で夫と一体化した存在として扱われていた。

一九世紀の訪問カードや訪問の儀式は、名前の書き方を見ても、その使い方を見ても、自分の夫や父親が、男性の友人と交際している関係を、女性が代行している、という形式になっていた。しかし、「夫あて」に相手の夫のカードを受けても、それをノートに記録して、次の展開を考えるのは、執事や家政婦などの上級使用人が雇われている裕福な家でもなければ、実際には妻の役割だったと考えられる。「この日に訪問を受けたから、次は何日後にお返しをしよう」と考えたり、長期旅行から戻ってきたのを機に友人を整理したり、訪問する頻度を変えたり、日々の付き合いには神経を使う。

どうにも無駄としか思えない「ご主人あて」の余分のカードや、美辞麗句を連ねた「紹介お断り」の手紙。こちらも使用人を連れてカードを置きに行ったなら、使用人同士がカードを受け渡して終了となる遠回しな手続き。相手に居留守を使われたとしても、こちらも実は会う気はなく、来たという証拠に端を折ったカードさえ残せればよかったりする。ヴィクトリア時代のエチケットの世界は、スタート地点から「建前」が山盛りで、あまりにもまわりくどい。

その場の「空気を読み」、黙っていても互いの気持ちを察し合う、というのは「繊細な日本人」に特有の気質だとよく言われるが、英国ヴィクトリア時代のエチケット・ブックの記述を読めば、そんなこともないのではと思えてくる。それでも、この複雑なルールをしっかり把握して守らなければ、「育ちが悪い」という烙印を押されてしまうのだ。

儀礼の山を乗り越えたら、あなたは次に、よりフォーマルな社交のイベントへの招待状を受け取るようになるだろう。そこにもまた、細かな手続きが列をなして待っている。

胸をときめかせ、身を寄せ合って招待状をのぞき込む。
『ギャスケル教授の儀礼の概要』1882年。

column

紳士淑女の呼称と手紙の宛名

chapter 1

貴族の爵位と口頭での呼称、敬称

貴族、准男爵、ナイト、その夫人や令嬢たち……。当時の社交界を構成する人びとには、それぞれの立場に合った正しい敬称があり、状況や関係性に応じて呼び方は変化した。既刊『図説　英国執事』『図説　英国貴族の令嬢』でも称号について扱っているが、本書では、招待状を出すとき必要な、書面での敬称についても紹介する。なお、いずれも一八九〇年代〜第一次世界大戦期までに出版されていたエチケット・ブックに沿ってまとめたものので、その後、簡略化されたり、性による呼称の差別を撤廃する方向に変更されている部分もあるので、現代においてこのまま通用するわけではないことに注意されたい。

表❶（左ページ参照）は、一九世紀末における、称号を持つ人びととの口頭での呼びかけ方一覧である。頂点には王族がいる。その次に公・侯・伯・子・男爵の五つの爵位を持つ世襲（せしゅう）貴族の人びとがいる。直接話しかけるときの「あなた」にあたる言葉だが、呼ぶ人の地位が呼ばれる人よりも下かどうかによって変わる。

上位の貴族は、家族の姓とは異なる、地名に由来する爵位名を持っていることが多い。これがない場合は家族の姓を爵位名として用いる。公爵を除く侯爵・伯爵・子爵・男爵の当主とその夫人は、この「地名または姓」によって、「〇〇卿（ロード・〇〇）」や「〇〇卿夫人（レディ・〇〇）」と呼びかけるのが正しい。公爵だけは「公爵（デューク）」「公爵夫人（ダッチェス）」あるいは「ユア・グレース」と呼びかけるので、他の人が聞いてもあきらかに公爵であることがわかる。しかし侯爵から男爵までの当主とその夫人に対しては、爵位のランクが「何爵」なのかを相手への呼びかけで言うことはエチケット上の誤りとみなされる。

また、公爵・侯爵・伯爵の長男は、父親が複数の爵位を持っている場合、父の存命中は二番目のものを使うことができる。この爵位を「カーテシー・タイトル」といい、「名目的爵位」や「優遇爵位」「儀礼称号」などと訳される。たとえば父が公爵で、二番目に高い爵位として伯爵の称号を持っている場合、長男はその伯爵位を名目的爵位として使い、敬称

表❶　口頭における敬称一覧

身分	上流階級どうしの場合	下の階級から呼ぶ場合
女王	マーム	ユア・マジェスティ
王子	サー	ユア・ロイヤル・ハイネス
王女、王子の妃	マーム	ユア・ロイヤル・ハイネス
公爵	デューク	ユア・グレース
公爵夫人	ダッチェス	ユア・グレース
侯爵、伯爵、子爵、男爵	ロード・（地名または姓）	マイ・ロード、またはユア・ロードシップ
侯爵・伯爵・子爵・男爵夫人	レディ・（地名または姓）	マイ・レディ、またはユア・レディシップ
准男爵、ナイト	サー・名・姓	サー・名
准男爵・ナイト夫人	レディ・姓	マイ・レディ、またはユア・レディシップ
公爵・侯爵・伯爵の長男	ロード・（地名または姓） ＊名目的爵位に準ずる	マイ・ロード、またはユア・ロードシップ
公爵・侯爵・伯爵の長男の夫人	レディ・（地名または姓） ＊夫の名目的爵位に準ずる	マイ・レディ、またはユア・レディシップ
公爵・侯爵の次男以下	ロード・名・姓	マイ・ロード、またはユア・ロードシップ
公爵・侯爵の次男以下の夫人	レディ・夫の名・姓	マイ・レディ、またはユア・レディシップ
公爵・侯爵・伯爵の娘	レディ・名・姓	マイ・レディ、またはユア・レディシップ
伯爵の次男以下、 および子爵・男爵の息子	ミスター・名・姓	サー
伯爵の次男以下、 および子爵・男爵の息子の夫人	ミセス・夫の名・姓	マーム
子爵・男爵の娘	ミス・名・姓	ミス
称号のない男性	ミスター・姓	サー
称号のない既婚女性	ミセス・姓	マーム
称号のない未婚女性	ミス・（名）・姓	ミス

＊『上流社交界のマナーとルール』（1890）他をもとに再構成

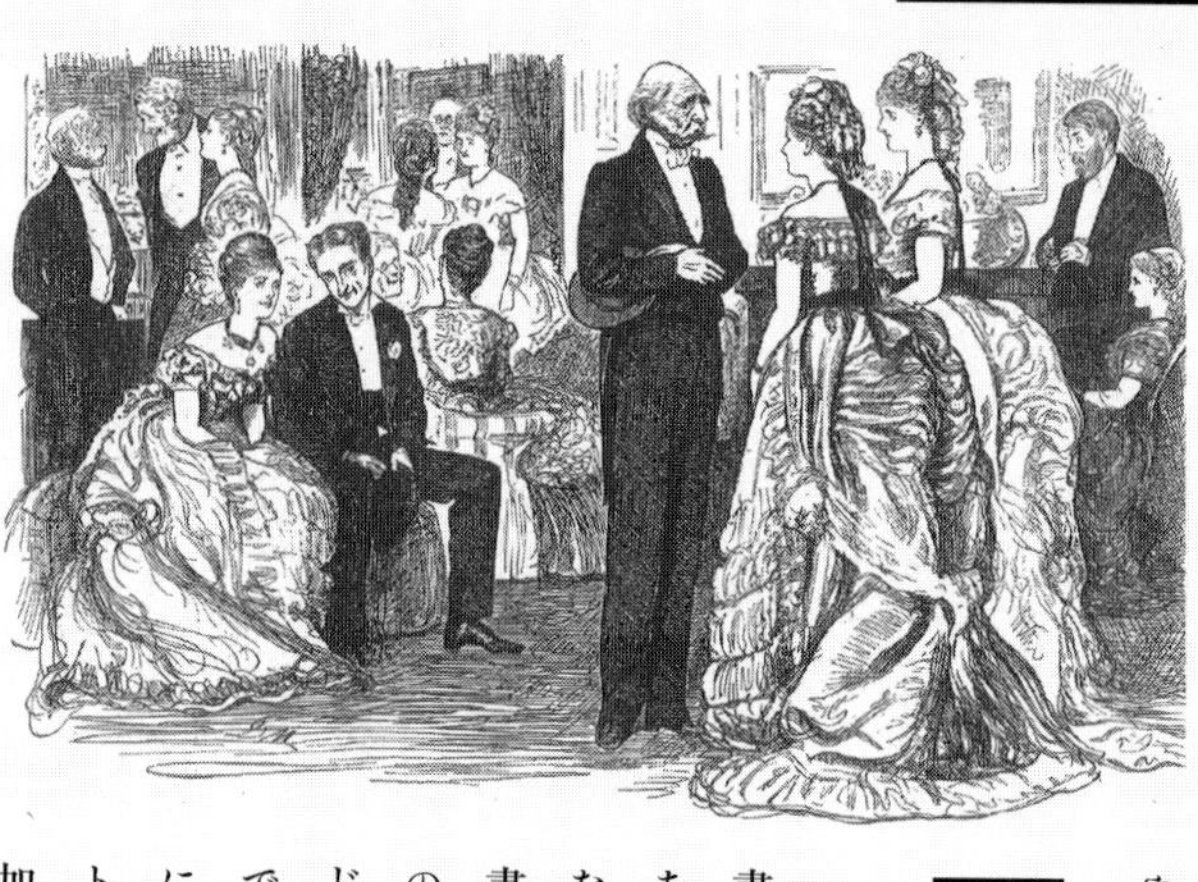

〈社会的地位に関する骨相学的所見〉あの立派な方は誰だろう、サーの称号があるって？「なら絶対ナイトじゃなくて准男爵だね。あの形は成り上がったのじゃなく血筋から受け継いだものだよ」（当時、頭蓋骨の張り出し方で性格や犯罪的指向がわかるという疑似科学が流行っていた）『パンチ』1873年7月5日。

や社交上の序列も伯爵と同じように扱われる。

手紙の宛名

表❷（左ページ参照）は封筒の宛名として書かれる、書面におけるフォーマルな表現である。相手が「何爵」なのかは口頭では言わないが、招待状や手紙を出すときの封筒の表書きには明記される。ただし五つの世襲貴族の爵位のうち例外として、「男爵（バロン）」はほとんど使われず、敬称と同じ「卿（ロード）」になる。まるで罠（わな）のようである。加えて、それぞれの爵位に応じて「ライト・オノラブル」や「モスト・オノラブル」などの、独特の尊称が付け加えられる。この言葉は書面のみに使われ、たとえ使用人でも口に出して呼びかけることはない。

五つの爵位を持つ貴族に次ぐ地位には准男爵とナイトがいる。准男爵は世襲、ナイトは一代限りの栄誉である。准男爵・ナイトの男性には、「ロード」ではなく「サー」を使って呼びかけ、下の名前を省いてはならない。准男爵とナイトの夫人には、逆に下の名前は使わず、レディ＋夫の姓で呼ぶ。この場合に封筒に書く正式名称では、貴族の夫人や娘と違ってレディの前に「ザ」はつけないし、「オノラブル」にあたる尊称もない。同じレディという敬称を使っていても、貴族の家か、そうでないかで細かい部分の運用に区別がある。

貴族やそれに準ずる身分ではなく、聖職者や軍人、医者、法律家など特別な敬称が使われる職業でもない人は、ミスター、ミセス、ミスとなる。女性の敬称として、既婚未婚を問わない「ミズ」が広く使われるようになるのは二〇世紀の後半になってからのことであり、また、二〇世紀初頭から、男性のナイトにあたる栄誉を与えられた女性に対し、一部でデイムという敬称も使われるようになった。

非常に複雑だが、社交界で生き残りたいなら、これらをマスターして使い分ける必要がある。完全に身体で覚え、意識しなくとも使いこなし、間違いさえ自然に——他者の目を気にせず、ある意味で傍若無人（ぼうじゃくぶじん）にふるまえるようになって初めて、社交界の一部になったと言えるのかもしれない。

表❷　書面における敬称一覧

身分	封筒の表書き
女王	ザ・クイーンズ・モスト・エクセレント・マジェスティ
王子	ヒズ・ロイヤル・ハイネス・ザ・プリンス・（名前）
王女、王子の妃	ハー・ロイヤル・ハイネス・ザ・プリンセス・（名前）
公爵	ヒズ・グレース・ザ・デューク・オブ・（地名）
公爵夫人	ハー・グレース・ザ・ダッチェス・オブ・（地名）
侯爵	ザ・モスト・オノラブル・ザ・マーキス・オブ・（地名または姓）
侯爵夫人	ザ・モスト・オノラブル・ザ・マーショネス・オブ・（地名または姓）
伯爵	ザ・ライト・オノラブル・ジ・アール・オブ・（地名または姓）
伯爵夫人	ザ・ライト・オノラブル・ザ・カウンテス・オブ・（地名または姓）
子爵	ザ・ライト・オノラブル・ザ・ヴァイカウント・（地名または姓）
子爵夫人	ザ・ライト・オノラブル・ザ・ヴァイカウンテス・（地名または姓）
男爵	ザ・ライト・オノラブル・ザ・ロード・（地名または姓）
男爵夫人	ザ・ライト・オノラブル・ザ・レディ・（地名または姓）
准男爵	サー・名・姓・（Bart、Btなど准男爵を表す略字）
准男爵夫人	レディ・姓
ナイト	サー・名・姓・（G. C. B. などナイトの種類を表す略字）
ナイト夫人	レディ・姓
公爵・侯爵・伯爵の長男	（名目的爵位に準ずる）
公爵・侯爵・伯爵の長男の夫人	（名目的爵位に準ずる）
公爵・侯爵の次男以下	ザ・ロード・名・姓
公爵・侯爵の次男以下の夫人	ザ・レディ・夫の名・姓
公爵・侯爵・伯爵の娘	ザ・レディ・名・姓
伯爵の次男以下、 および子爵・男爵の息子	ジ・オノラブル・名・姓
伯爵の次男以下、 および子爵・男爵の息子の夫人	ジ・オノラブル・ミセス・夫の名・姓
子爵・男爵の娘	ジ・オノラブル・名・姓
称号のない男性	ミスター・名・姓
称号のない既婚女性	ミセス・夫の名・姓
称号のない未婚女性	ミス・名・姓

＊『称号：英国の称号と栄典の正しい用法の手引き』（1918）他をもとに再構成

舞踏会にふさわしい夜の正装で階段を降りてくる男女。『グラフィック』1890年。

第2章 ドレスコードが人を作る

服装は紳士淑女を作るか？

マナーが人を作る。
——ウィリアム・オブ・ウィカムのモットー
（一三二四～一四〇四）

ごく限られた面でいうならば、仕立て屋が人を作る、というのはまったくの真実です。
ハンフリー夫人『男性のマナー』（一八九七）

衣装は人を作るのではありません。それはしばしば、成功者を作るのです。
——仕立て屋ヴィゴ氏
ベンジャミン・ディズレーリ『エンディミオン』（一八八〇）

「マナーが人を作る」という言葉は、一四世紀のウィンチェスター主教、ウィリアム・オブ・ウィカムが紋章にかかげたモットーに起源を持つといわれる。マナー、すなわち礼儀やふるまいが、良い人格を構築する、といった意味のフレーズとして、現在でもひろく使われている。

「マナー」とは、全人格的な評価につながる「ふるまい」のこと。「良い」マナー、「悪い」マナー、といった使い方もする。一方「エチケット」は、一八世紀頃にフランスの宮廷から英語に移入された言葉で、ある社会において定められた儀礼的「手順」、ルールのことだ。このように、言葉としてのマナーとエチケットには、もともとは違いがあるが、交換可能な同義語として、あまり意識せず扱われる場合もある。社交界の儀礼の手順を、初心者の読者に向けて解説した一九世紀の「エチケット」・ブックにも、「マナーが人を作る」という慣用表現はよく登場し、一九世紀当時におけるマナーとエチケットの意味を問い直している。

マナーは紳士淑女と呼ばれるにふさわしい内面的な性質を作り、エチケットは紳士淑女にふさわしい外見のルールを規定する——と、エチケット・ブックの著者たちはそう主張している。現代のわたしたちも、学校や軍隊、民族衣装などの「制服」を着れば、そのグループに属しているという気持ちが高まるだろうし、上品な服を着れば上品な気分に、ワイルドな服を着れば勇ましい気分になるだろう。掟破り（おきてやぶ）な服装をすれば反社会的な人格だという烙印（らくいん）を押されてしまう。人は、他人の目からは服によって審判（しんぱん）され、自分自身の内面も着る服に影響される。

難しいドレス・コード

そういうわけで、ヴィクトリア時代の社交界に乗り込もうとするあなたは、その場にふさわしい服を着ようとするだろう。たとえばあるとき有力な知人から舞踏会の話を聞いたとする。身も心も社交界に属するレディとしてふさわしいドレスを整えようと、ふたたびエチケット・ブックをひらく。すると——。

舞踏会の装いについては、非常に流行

〈真の芸術家〉レディーズ・メイドが、一晩で辞意を表明。「奥様の衣装だんすを確認して、水準を満たしていないと判断しましたので」ドレスの専門的知識をマスターしたレディーズ・メイドを雇うのは、相当に余裕のある女性にしかかなわないぜいたくだった。『パンチ』1873年11月22日。

が変わりやすいので、いま流行っていることを書いて、それが真実だとしても、一か月後には間違いになってしまうでしょう。現代の社交界には決まった慣例があるというわけではないので、変わらないルールを半ダースもあげることすら難しいのです。

『ラウトリッジのエチケットの手引き』(一八七〇年代)

このように、衣装の形状やディテール、とくに女性のファッションについては、「この本が出た頃には流行が変わってしまっているかもしれないので、あえてふれない」などと濁している本は多い。

上流の女性なら、衣服の世話は使用人の侍女に任せればよいが、中流階級ではそうもいかない。流行の移ろいやすい衣服の情報は、信頼のおける仕立て屋に相談するか、当時さかんに出版されていた女性雑誌を参照するようすすめているものもある。これを読めば貴族のマナーが身につきます、とうたっているわりには、頼りにならないことはなはだしい。

それはそれとして、ファッションの決まりごとはたしかに存在していた。では、つかみどころのないその具体例を探っていこう。

朝食の席の家族。女性たちはハイネックと長袖の華美すぎない服を着ている。『カッセルズ・ファミリー・マガジン』1890年。

午前と午後のドレス

ミス・ウェイスは、上の階の窓から、敵意と憧憬の入り混じった感情で見下ろしていた。きょうの公爵夫人のお洒落なこと、ほんとうに、とミス・ウェイスは

屋根なし馬車での外出は、襟もとにたっぷりとフリルをあしらったドレスに、花やリボンを飾った帽子をかぶり、パラソルをかかげて装いを見せつけながら。『ロンドン暮らし』1902年。

思う。男性服仕立て（テイラーメイド）の上着が彼女のからだの線を引き立てる。あの服が示すのは、ロンドンに行くつもりということだ。モスリンのドレスにまみれた日曜日は終わったから。けれど、あのパラソルと、まだ帽子もかぶらずゆるくまとめた髪には、田園風の名残りがある。

ヴィタ・サックヴィル＝ウェスト『エドワーディアンズ』（一九三〇）

右の引用は、男爵家に生まれた作家が、大邸宅ですごした少女時代を振り返って書いた小説の一節である。設定年代は一九〇五年。秘書のミス・ウェイスが、公爵夫人の洗練された姿を、あこがれと苛立（いらだ）ちを込めて眺める……という人物描写と並行して、ドレスのようすもさりげなく盛り込まれている。フィクションの形をとってはいるが、社交界の内幕（うちまく）を知る作者ならではの生きた情報が好奇心をそそり、同時代には多くの読者を獲得したようだ。午前と午後、田園地帯とロンドン、平日と日曜日では着るものが違うと

〈高度な技術を発揮〉田舎から出てきたメイドが、ゴージャスに飾られた奥様の化粧台に驚く。ベテランのレディーズ・メイドは「夜は奥様のお着替えに合わせて色や花やリボンを変えるのよ」。女性の習慣を漫画的に誇張した表現だ。ジョージアナ・バウアーズ作、『パンチ』1872年9月14日。

いうこと、パラソルや帽子など小物の使い方にも決まりがあったらしいことも読み取れる。

中流階級の人びとが読んだエチケット・ブックにも、一日に少なくとも二回、時間の余裕と予算があるならもっと多くの回数、時間帯に合わせて服を着替えるのが常識、という記述はある。そして、同じ時間帯でも、どこに行って誰と何をするかによって、エチケットが指定する布地、色、装飾は変化した。

たとえば『上流社交界のエチケット』（一八九三）は、自宅ですごす日の午前中のドレスは、高価すぎない色付きのコットンやサージなどの素材で、そして清潔で場にふさわしいものを選ぶようにすすめている。装飾はできるだけシンプルにすべきで、上等なレースは非常に場違い。宝飾品はシンプルなゴールドで、指輪なら石がついていてもよいが、透ける宝石は夜の「正装（フル・ドレス）」のときだけにする。

一方、友人の家に滞在しているときは、午前のドレスとして、白の刺しゅう入りの服や、綿ビロードなど「ちょっと上等なもの」を着てもよい。

想定している読者層の経済力が違うのか、朝から日没までの昼間は一着のドレスのみで通してもよいという本と、昼食の前とお茶の時間、夜の催しにそれぞれ着替えるようすすめている本があった。

いずれにせよ、前章で述べたように、午後に友人宅へ「カードを届ける」訪問の儀式をするときには、やはりそれにふさわしい服がある。路上を歩く必要がある場合は「あまり豪華な服をこれ見よがしに着てはいけません。好ましくないタイプの人間の目を惹きつけてしまいますし、育ちがよくないとみなされます」。一方で、馬車で移動する場合は、濃い色のシルクなど「好きなだけエレガントに装ってかまいません（『ラウトリッジのエチケットの手引き』一八七〇年代）。これはおそらく、自ら歩く必要があるなら、自分の属する低い階級にふさわしく、地味で目立たない服を着るべきだということと、逆に馬車を使える身分であるなら、思う存分お洒落をして、そのことを周囲に知らしめるべきだという意味だろう。身のほどを知り、属する階級に見合った服を着ることが礼儀にかなうことなのだ——そんな価値観が透けて見える。

淑女のしるし、手袋と帽子

外出のさいには、淑女であればかならず手袋をするものとされていた。前述の『ラウトリッジのエチケットの手引き』には「手袋をせずに道で姿を見られることがあってはなりません。その素材は、仔山羊革(キッド)か牛革(カーフ)のみです。毛糸やコットンの手袋は言語に絶するほど下品です。完璧(かんぺき)なまでに極度にフィットしたものでなければいけません」とある。一九世紀中盤までは、コットンやシルクのレースの指なし手袋［ミット、またはミトンと呼ばれる］も流行していたが、一九世紀後半になると皮革製が一般的になっていたようだ。色については比較的自由で、標準的な淡褐色から、ドレスの色にそろえたものも許された。手袋はボタン留めで、一八九三年の『上流社交界のエチケット』によると、外出用の六個程度から、イブニング・ドレスに合わせる長手袋には二〇個もボタンのついたものがあったという。

帽子もまた、手袋と同様に淑女のしるしとみなされた。一九世紀の前半から中盤にかけて、後頭部から顔の周りまで覆(おお)い、あごの下でひもを結ぶタイプのボンネットが全年齢にわたって好まれたものの、世紀末にかけてそれは流行遅れとなり、つばのあるハットが優勢になった。

こうした変化は、版を重ねるエチケット・ブックの記述で確認できる。『現代社会のマナー』（一八七五）には、「都会ではボンネットをかぶっている人が多いですが、田園で若い女の子であればハットをかぶっても許されます」と書いてあ

HARROD'S STORES, Limited, Brompton. 931
LADIES' GLOVES.
No. 17 DEPARTMENT—GROUND FLOOR.
GLOVE DEPARTMENT—continued.
Ladies' 4-Button Jossé for Suède, 3/9
" 6 " " 4/9
Ladies' 4-Button French Kid, 1/11½, 2/11, 3/9.
Mousquetaire Suède, 12-Button length, 2/11, 4/11.
" " 16 " " 3/11, 5/11.
In all Colours.
Ladies' Nantwich Gauntlets, 1/11½.
Children's 2-Button Doe, with Leather Palms, 2/6. For Riding or Driving.

スエードや仔山羊革など、いろいろな素材でできた女性用手袋。短いものでボタンが4個、長手袋では16個ついたものが掲載されている。百貨店「ハロッズ」のカタログ、1895年。

ウィリアム・メリット・チェイス『友好的な訪問』1895年。訪問者は帽子や手袋をつけたまま、パラソルも持ったままで、画題とは反対に短い訪問であることがわかる。

る。しかし、ほぼ同じ内容を改訂した本の（ついでになぜか著者名まで変わっている）『上流社交界のエチケット』（一八九三）では、この記述は削除されている。つまり、ボンネットのほうが古風で正統で年配の人にふさわしいもの、ハットのほうが若々しくてお洒落、という扱いだったことになる。エチケットが流行の変化を追認（ついにん）していったのだろう。

訪問のさいには、外出用の帽子と手袋、マントやケープなどの外衣は取らずに応接間に入り、お茶をすすめられたら手袋をしたまま飲んだ。男性の場合、帽子は脱いで手に持ち、ステッキも持ったまま入る。これは、長居をして迷惑はかけないという意思表示でもあった。もちろん、招待を受けて長くとどまるパーティーの場合は別で、クロークルームに預けることになる。

ケーキなどのお茶菓子をすすめられて、もし食べることに決めたときは、手袋をはずしてから、としている本が多い。しかし、当時の手袋は前述のとおりきつく、ボタンも多く、短時間の訪問中にスマートに外したりはめ直したりするのはなかなか難しい。『淑女と紳士のためのエチケット全集』（一九〇〇）では「バター付きパンのバターを塗った面を内側にして、丁寧に巻く」など、汚れにくいよう気をつけるなら、手袋をしたまま食べることも可能ではある、と指摘している。

手袋や服を汚さないために、お茶請けは断って飲み物だけですませる人も多かったようだが、お茶だけ飲むのは消化に悪いとも考えられていたらしい。「そういう意味で、ビスケットは非常に貴重な存在です。思慮深い女主人であれば欠かすことはないでしょう」――ということは、ビスケット程度なら手袋で食べてもよかったとの推測が成り立つ。

さまざまなタイプの午後のドレス

一九世紀がすすむにつれて、経済的に余裕の生まれた中流階級の人口は増え、

7月のガーデン・パーティーにおすすめの装い。頭のうしろを覆い、あごの下でリボンやひもでとめたボンネットと、ひものないハットが混在している。『カッセルズ・ファミリー・マガジン』1883年。

女性たちが参加する社交イベントの種類もしだいに増えていった。たとえばガーデン・パーティーやチャリティ・バザーやフラワー・ショーなどは、昼間に屋外でおこなわれる社交の催しであり、午前中よりも高価な生地を使った明るく華やかな服装で、優雅な趣味を見せつける場となった。

女性が戸外で積極的に活動することは、かつては良い顔をされなかったが、十九世紀の後半には許容する空気が生まれた。ピクニックには「すぐに破れてしまうぺらぺらの布地やみすぼらしいシルクは避けて、丈夫な生地」を、ヨット遊びには潮風や波にも負けない「サージやツイード」を着ることがすすめられている。また、世紀末には、海辺の装いといえば「テイラーメイドのジャケットがお決まり」でもあった。

一八七〇年代以降に大流行した「ローン・テニス」には、寒さを防ぐ「カシミヤ、サージ、フランネル」などの素材が推奨された。スカートは「短め」――とはいえ、当時の女性はどんな場面であろうとロングスカートが必須だったので、現代のテニスウェアとは似ても似つかない、よそゆきのドレスのようにも見える。それでも前の時代よりは格段に動きやすい格好ではあった。

一八八〇～九〇年代には自転車が大流行し、サイクリング用のドレスに言及している本もある（ハンフリー夫人『女性のマナー』一八九七）。これも「車輪を巻き込まないよう、短めのスカート」を推奨しているものの、やはり今のスポーツウェアの感覚とはだいぶ異なり、まだまだ重量感がある。

ここまでにふれたのは屋外でのイベントだが、昼食よりあと、晩餐より前に応接間でひらかれる社交の催しといえばアフタヌーン・ティー、または「ファイブ・オクロック・ティー」が代表的なものだろう。昼食と夕食のあいだにお茶と軽食を取る習慣のことで、一九世紀の初めに上流階級の女性が流行らせ、中流階

ブルーの布地に金色のパイピングをほどこした、ヨット遊び用ドレス。海軍のイメージだろう。『レディの王国』1897年。

腰のうしろにバッスルでボリュームを出した長いドレスでローン・テニスに興じる。観戦する男子の胸中は「ボールになりたいなあ、そしたらみんなのところに飛んでいけるのに」『パンチ』1874年10月10日。

1880年代初頭に流行したタイトなスカートでスケートを楽しむ。『ガールズ・オウン・ペーパー』1881年1月22日。

級の人びとにも広まっていった。このときに専用の「茶会服（ティー・ガウン）」に着替えることは「非常に広く普及している」と『現代のエチケット』（一八九五）には書かれている。ティー・ガウンとはコルセットを締めずに着られるゆったりとした華美なドレスで、客を迎える側の女性や、友人の家に宿泊している女性が着た。誰かの家を訪問して、お茶の席に着き、そのまま帰るというような場合は、ティー・ガウンではなく、午後の外出用ドレスに帽子と手袋をつけて行くのが正解である。

自転車に乗るノリス男爵夫人。イギリス上流階級の自転車愛好家たちを取り上げた記事では、脚の分かれたパンツ型のドレスで登場している人はいない。『レディの王国』1897年。

二種類のイブニング・ドレス

さて、「手袋と帽子」の項で述べたとおり、昼間の手袋は短く、夜の手袋は長い——反対に、それに対応する、昼間のドレスの袖は長く、夜のドレスの袖は短い。日が落ちて寒くなるのに、女性は夜のほうが薄着で肌の露出（ろしゅつ）が増えるのだ。

夜の時間にはイブニング・ドレスを身

一見スカートに見えるが自転車をこぎやすいよう両脚が分かれたドレス。パリからのレポート記事、1897年。

パリで流行していた、ふくらはぎ丈パンツ型のサイクリング用ドレス。当時の感覚では大胆なものだったようだ。『レディの王国』1897年。

に着ける。これには「正装（フル・ドレス）」か「半正装（デミ・トワレット）」の二種類があった。前者は「腕と肩を露出（ろしゅつ）させた」ドレス。現在ではローブ・デコルテと呼ばれる、襟ぐり（デコルテ）が大きく開いているタイプの服だ。そして後者の半正装は、「腕と肩の両方を部分的に覆う」ドレス。五分袖や七分袖、立ち襟やほどほどに開いた襟などで構成されたデミ・トワレットは正餐会に着ることも多かったので、そのために仕立てた五～七分袖の服は「ディナー・ドレス」とも呼ばれた。

コルセットを締めずに着るティー・ガウン（左、中央奥）とベルベットのチェックの上衣にウールのスカートを合わせたセット（右）。フランスのファッション誌『ラ・モード・イリュストレ』1895年。

舞踏会や、格式の高い正餐会には、大きく襟元のひらいたフル・ドレスでなければならなかったが、気軽な会に出るときや年配の女性はデミ・トワレットでも許容された。

当時の若い独身女性にとって、とりわけロンドン社交期の舞踏会や正餐会は、身分と収入の釣り合う独身男性と引き合わされて、結婚相手をつかまえるための場所だった。つまり、若い女性のフル・ドレスには、昼間はボンネットや手袋やハイネックの服でぴったりと隠していた肌をここぞとばかりに露出し、女性的な魅力を発揮して異性を惹きつけるという役割があった。女性に求められるモラル、つつしみ深さが二面性を持っていたともいえる。

ダンスをする女性は、たとえばチュールやガーゼ、クレープなどの軽くて透ける素材を、色のついたシルクの薄い下着の上に重ねるとよいでしょう。シルクのドレスはダンスには不向きです。

『ラウトリッジのエチケットの手引き』（一八七〇年代）

ふわふわした布地は常に若い女の子だけに許されるものです。若い女性のほとんどは、白かクリーム色のフル・ドレスを着ます。ピンク、モーヴ、琥珀色はあらゆる若い女性にふさわしい色です。舞踏用ドレスは深い襟ぐりと短い袖でなければなりません。これによってデミ・トワレットと区別されます。夜の催しではとくにダイヤモンドなど多くの宝石をつけます。

『現代のエチケット』（一八八九年）

昼間は禁物だったダイヤモンド、パール、ルビー、あらゆる透明な宝石のアクセサリーも、夜の時間には堂々とつけることが許された。むしろ、このような正装がものをいう場面では、全力で着飾っていくことが、もてなしてくれる招待主に対する礼儀であるとまで言われているのだ。

泊まりがけで招かれたら、朝から夜まで素敵な服を着ることです。誰かに招かれたなら、それは招待してくれた人の名誉が、あなたの力にかかっているということなのです。外見を良くすることは、自分自身のためによくよく考えねばならないというのと同時に、招待主への敬意の表明ともなるのですから。

『現代のエチケット』（一八九五）

友だちが劇場に連れて行ってくれるというときも、同様に着飾っていくのが相手への礼儀である、と書かれている。

1883年の「正餐用ドレス」。襟ぐりは深く、袖なしで長手袋をつけ、うしろは長い裾を引いている。フル・ドレスとも呼ばれる形。

着飾るべきか、着飾らざるべきか

アマチュア演劇やコンサートなどは昼間に催されることもあったが、夜のオペラや観劇には、イブニング・ドレスが必要であった。オペラと演劇では前者のほうが格が高く、オペラのボックス席と一階席(ストールズ)ではフル・ドレスで着飾ることが求められた。演劇の劇場ではデミ・トワレットがふさわしかった。『女性のマナー』(一八九七)のハンフリー夫人に言わせれば「[オペラ以外の]劇場の一階席でフル・ドレスを着ているのは上層中流階級の女性だけ」であったらしい。真の上流階級であれば、場にふさわしい装飾を自然に選べるはずだし、華美にしすぎれば階級が低いことが露見(ろけん)して見下される、とほのめかしているのだろう。

1882年の「正餐用ドレス」。七分袖で首もとまでレースをあしらった形で、デミ・トワレットとも呼ばれる形。

同様のいましめは、ドレスについて解説する本の随所に登場する。前述の『現代のエチケット』は、若い女性はぜいたくになりすぎないよう注意すべきで、首飾りや指輪も少々つけすぎれば「貴婦人(レディ)でなく女給さん(バーメイド)」になってしまう、と忠告している。

どちらかといえば貴族の女性に間違われたくてエチケットの本を読み込んでいるのに、反対に、がんばりすぎると、平均的な読者層が自分よりも下とみなす存在に間違われますよ、という脅(おど)しを受けることになるわけだ。エチケット・ブックとは、総じて読者の地位上昇を助ける本のはずだが、そもそも地位上昇を望む態度は卑(いや)しいものとでも言いたげである。

むしろ、ゆるぎない地位を保証された、「生まれも育ちも高貴」な上流階級の人びとこそが、「何も気にせずにふるまう」自由と独立が許されていた。ルールを設定するのも彼ら自身であれば、破って楽しむのも自由。身分の低いよそものがドレス・コードを間違って眉をひそめられることに戦々恐々としている一方で、支配階級たる彼ら彼女らは、ちょっとエチケットに違反したくらいでは社交界をつまみだされるようなことはない。自分たち自身が社交界なのだから。

「ごろつき風」なスタイルの服を好んで着るものではありません。あなたが何かの理由で、社交界で輝かしい地位を築いているというのでない限り。貴族や極度にエレガントで洗練された人は、ときどき愚かにも「ごろつき」になりきって、自分の外見とマナーの落差でもって人を驚かせて楽しむのです。しかし、あなたの場合はそんなことをする資格がないのだから、服装は可能な限り地味にすることです。さもなければ人は悪口を言うでしょう。「あなたの服装は、あなたの心と同じように粗末なのですね」と。

『エチケットのヒントと社交界の慣習』（一八四九）

本章の冒頭で述べたように、折々の細かな流行については本を読んでもはっきりしたところはわからない。上流階級に限られた習慣であるキツネ狩りや銃猟の服装なども、一般的な中流階級の読者にはおいそれと参加できなかったであろうことから「仕立て屋に相談したほうがよ

スタンドカラーまたはほどほどにひらいた襟ぐり、半袖から五分袖のデミ・トワレット。『カッセルズ・ファミリー・マガジン』1883年。

chapter 2

劇場をあとにする人びと。女性は最正装のイブニング・ドレスには、袖を通さないタイプの長い外套やひじまでのケープをはおる。フードがついていたり、スカーフで頭を覆ったりはするが、昼間のようなかっちりした帽子はかぶらない。『ロンドン暮らし』1902年。

いのでここには書きません」などと片づけられている。

あなたがヴィクトリア時代の上流社交界に乗り込んでいくつもりなら、やはり本だけではなく生きた情報も必要だろう。できることなら知り合いをつなげて交流を深め、入りたい社会の慣習について教えを受けたほうがよい――さらに、世代を超えて家族ぐるみで階級上昇を狙うなら、子どもはそうした知り合いを作れる学校へやったほうがよい――という、ありきたりな現実が見えてきたところで、次章では、自分から相手の懐(ふところ)へ飛び込むばかりでなく、意中の相手を自分の応接間や正餐室へ招き入れる方法を探ってみよう。

社交期のロンドン、日曜日のハイド・パーク。教会の帰りに着飾った男女がそぞろ歩き、お互いに品定めし合う。この現象を「教会のパレード」と呼んだ。『カッセルズ・ファミリー・マガジン』1897年。

〈子どもと道化は真実を語る〉ママ「何か足りないところあるかしら?」アリス(興味津々で身づくろいを見ていた)「からだがない、ママ」胴体は念入りに覆われている。『パンチ』1866年4月7日。

column
男性の服装

フロック・コート（左）とモーニング・コート（右）。1900年4月、アメリカで定期刊行されていた仕立て屋のためのカタログより。

昼間の正しい礼装

女性ほどのバリエーションはないが、男性にも時と場合によってふさわしい服装がある。時間帯が遅くなるにつれて、また田園地帯よりも社交期の街のほうが、よりフォーマルな服装が求められた。

一九世紀、街中の昼間の正しい礼装といえば黒かダークカラーのフロック・コートだった。時代が進むにつれてモーニング・コートも昼間の正装として認められ、略装として現代のスーツに近い形のツイードなどのラウンジ・スーツも着られるようになっていった。フロック・コートやモーニングと合わせるベスト（英国英語でウェストコート）は白か黒で、濃い色かまたは明るい色のズボン（英国英語でトラウザーズ）をはいた。下半身の柄についてはエチケット・ブックの記述は時期によりまちまちだが、総合すると、一九世紀の終わりにかけてグレーやストライプが定番になったようだ。

田園地帯、海辺、または旅行中には、もっとカジュアルな服装がふさわしかった。好みに合わせて、グレーやダークカラーの、ツイードまたはサージなどのラウンジ・スーツを着ることも許された。

夜の装い

夜の正装は燕尾服。一八八一年の『流行

の鑑』によると、「黒の燕尾服（ドレス・コート）とベストとズボン、白のタイ。最近では白のベストを着ている人はあまりいません。ウェイターをのぞけば」とのことだが、一八九五年の『現代のエチケット』には、「燕尾服とベストとズボンが黒、タイは白」というのは「悩む必要もない」ほどの決まりだが、ベストについては「白にしてもよく、素敵な変化をつけられる」とある。現代のドレスコードでもっとも格式の高い「ホワイトタイ」は、黒の燕尾服に白タイ・白ベストと決まっている。一九世紀の当時は、まだ流行によって変化があったようだ。

夜の装いとして、一八八〇年代頃には燕尾のない「ディナー・ジャケット」も普及している。これは内輪（うちわ）の夕食などで着ることはできるが、当時はまだ舞踏会や劇場に着ていけるレベルの正装にはなっていなかった。このディナー・ジャケットはのちにアメリカでは「タキシード」と呼ばれるようになり、現代ではホワイトタイに次ぐ格式の夜のドレスコード「ブラックタイ」に受け継がれている。

昼間の正装は、フロック・コートからモーニング、ラウンジ・スーツへ。夜の正装は燕尾服からディナー・ジャケットへ。男性の服には、よりカジュアルで崩した装いを求めて新しい服が考案されるが、それもまたやがて正装としてエチケットの階層構造に取り込まれ、細かいルールが決められていく、というパターンが認められる。

ディナー・ジャケット（左）、イブニング・ドレス・コート（中）（右）。1893年、ロンドンの仕立て屋のカタログより。

ロンドン社交期中の正餐会のようす。白いクロスがかけられ、花が飾られた長いテーブルに男女が交互に着席して歓談している。『ロンドン暮らし』1902年。

第3章

家庭招待会と正餐会

あこがれの正餐会

カントリー・ハウスとその住人たちが、わたしたち国民の知的・政治的生活に与えた貢献は、はっきり申せば、多大なものだと思います。［中略］

その場［筆者の理想とするカントリー・ハウス・パーティー］に集うのは、ほんとうに賢い女主人に選ばれた人びとです。まずひとりか二人の閣僚が、静かな会話を楽しみに参加しています。あるいは、植民地の提督か帝国のはるか遠い土地で高級官僚をつとめる人が、英国の代表として自分がすすめている何かの施策が困難にさしかかっていることを、政府関係者に伝えようとしているかもしれません。参加者にはたいてい、帰国中の外交官や、画家、そしてまず間違いなく音楽家がいて、夜の時間に誰かの伴奏を頼まれることになります。さらには、美しさか、機知、あるいはその両方をそなえていることで有名な女性がちらほらと含まれます。

〈応接間のペット〉「オーストラリアのブーメラン投げの名手（若き日には宣教師の丸焼きをたしなんだ）」を崇拝する美女たち。社交界には芸術家や珍しい異国の人間を招く習慣があり、彼らは「ライオン（見世物）」と呼ばれた。多くの場合は正式に迎え入れられたわけではなく一時的ブームだったのだろう。ジョージ・デュ・モーリエ作、『パンチ』1887年7月2日。

こうした女性たちは会話に活気を与えることもできれば、良い会話をさえぎらないように賢く口をつぐんでいることもできるのです。つまり、彫刻のような、あるいは花のような美しさを発揮して、ただ座っているということもできます。おべっか使いや退屈な人間が呼ばれる余地はありません。そういう人たちは、ロンドンの大規模なパーティーに「掃き出され」るのですから。

スーザン・ツイーズミュア『ライラックと薔薇』（一九五二）

　右の引用は、ある男爵夫人が、過去の体験から考えた理想の正餐会を語った一節である。古い貴族の家系、グロブナー一族に生まれた彼女は、植民地カナダの提督を経験した歴史作家のジョン・バカンと結婚した。彼女の視点で語られる、一九世紀末から二〇世紀初頭の上流社会とは、自分たちこそが世界最強の帝国を動かす存在であり、誰よりも難しい責務を果たしている、正しい方向に民草を導く選良だ、と信じて疑わない人びとのものであったらしい。内実はどうあれ、このような考え方の政治家やエリートビジネスマンは今でも世界中に存在するように思う。

　さて、上流社交界の女主人として求められる技能のひとつに、夜の食卓に招く客のリストが絶妙である、ということがあった。いまをときめく政治家や官僚と、話が面白く、その場が盛り上がるスキルをそなえた芸術家、機知に富んだ人妻、誰もが見たがる美貌の「プロの美女」（その場を占める高貴な男性のひそかな愛人であったりもする）などをうまく組み合わせて刺激的な空気を作るのだ。相反する主張をもつライバル政治家同士を呼んであえて議論を起こさせ、加熱しすぎたらさりげなく話を変え、口下手でも興味深い経験を持つ客からうまくエピソードを引き出す。人脈とバランス感覚ととっさの話術が重要である。そんな社交の才能を発揮し、一流のパーティーを連発できれば、ますます有力者が自宅に集まり、夫

〈上流社交界にて〉名高い「ライオン（見世物）」であるカバと大ガメのご到着。背後には南アジア人らしき顔が見える。異人種を「服を着た動物」に見立てる帝国主義的な視線の漫画。ジョン・リーチ作、『パンチ』1851年。

や息子の評判も高まるだろう。

とはいえ、これは上流中の上流の話。このように誰もが認める「貴婦人（グラン・ダーム）」になるまでの道のりは険しい。社交界の新顔であるあなたは、第1章で述べたようなカードの交換と午後の訪問を繰り返し、ある程度の「知人」を作ったし、第2章のようなおおまかな服装のルールをマスターした……はずだ。しかし「正餐会」の招待状を送るまでには、まだいくつかのステップを踏まなければならない。正餐会は、社交の催しのなかで、もっとも重要で格式が高いものである。本格的な夜のもてなしをおこなう前に、もっとカジュアルな午後のイベントを成功させて、親しい味方を増やし、人気を高めていかねばならない。このとき使われるもてなしの手段が「アト・ホーム」。しかし、この言葉の取り扱いには少々注意が必要だ。

〈言わないほうがよかったこと〉貴族夫人宅を「訪問」しようとしたが、ドレスがふさわしくないことにはたと気づいて――「近場のあなたも『在宅日』だったって思い出したから寄りましたの」『パンチ』1886年3月13日。

「在宅日(アト・ホーム・デイ)」の変遷

アト・ホームという言葉が当てはまる催しには、大きく分けて二種類ある。まずひとつ目は、日時を明記した招待状を出してひらく、主として午後のパーティー「家庭招待会(アト・ホームズ)」のこと。もうひとつは、女主人が自宅で待機する曜日や時間帯を設定し、親しい友人の訪問を予約なしで自由に受け入れるという「在宅日(アト・ホーム・デイ)」である。

家庭招待会については次項で述べるとして、まずは「在宅日」を検討しよう。訪問客を受ける曜日を設定する習慣は、一九世紀半ばに上流階級で始まり、その後の数十年で中流にも広まったと考えられている。たとえば一八六七年の『エチケットの法と細則』は、これは外国から来た習慣であって「イングランドではあまりなじみがない」としている。その一方で、一八七〇年の『社交界の交わり』は「多忙な、地位の高い人にのみ許される」「ちょっと高慢な慣習」であると断じており、まるで一般の中流女性が「在宅日」を限るのは生意気だといわんばかりである。しかし一八八九年の『良い礼儀』になると、在宅日の習慣はすでに「社会的に認知」されているばかりか、収入の少ない人にとっては、来客への備えを集中させることによって、無駄な出費や使用人の労力を節約できる、としている。

一八九〇年の『上流社交界のマナーとルール』第一六版では、招待状を出してひらく「午後の『家庭招待会』」と、そうでない「在宅日」の章を分けて解説しているので、この頃までには定着していたとみていいだろう。エチケット・ブックにおける「在宅日」の扱われ方からは、中流階級の女性が貴族の習慣にあこがれて、「身のほど知らず」をとがめられつつも自分なりに日常に取り入れ、結果としてそれが「エチケット」となり、広く受け入れられた常識になっていく、というパターンが見てとれる。

〈音楽の家庭招待会〉主催者の女主人が左端の男性に「次はあなたが歌ってね。おもてなしのアイスが足りないから、ちょっと人数を減らしたいの」『パンチ』1878年3月30日。

〈ピアノの闘い〉社交の場で披露する「レディのたしなみ」として娘たちはピアノを習う。壁が薄いので隣家のようすも丸聞こえで……。『パンチ』1855年。

chapter 3

在宅日を周知する方法は、親しい友人なら口頭で伝えてもよいが、一九世紀の終わり頃には、訪問カードの左端に「火曜日」「第二・第四水曜日」「三月と四月の木曜日」などと、在宅日を印刷して配るということもよくあった。

なお、訪問を受け付ける出入り自由の時間帯は三時〜五時が好ましいとされていた。二時台までは昼食があり、五時からは家族と身内のアフタヌーン・ティーの時間にかかってくるので、食事やお茶を出す必要がある。特別な招待があるか、事情があるか、ごく親しい友人以外は推奨される時間以外の訪問は遠慮するようにとエチケット本はすすめている。

特別な招待がある場合というのが、すなわち「家庭招待会」だ。そのもてなしの内訳は実に多彩で広い範囲に及んだ。

流行りのローン・テニスを取り入れたガーデン・パーティー。『カッセルズ・ファミリー・マガジン』1877年。

さまざまな「家庭招待会」のかたち

今日では、ほとんどすべての社交的な集まりが「家庭招待会」と呼ばれます。ただし正餐会は除きます。ダンスをする家庭招待会も、音楽の家庭招待会も、会話が中心の家庭招待会もあり、これらはみな午後か夜、場合に応じて開かれます。

以上に加えて、演劇の家庭招待会もあります。この場合は、アマチュアが演じるか、特別な機会のためにプロの役者を雇うこともあるのです。

これらの会におけるエチケットは、驚くほど似かよっています。状況に応じて、開催日の三週間か二週間、あるいは一週間前に、招待のカードを送ります。このカードは主催者とゲストの名前、日付と時間を空欄にした既製品が売られています。音楽を出し物にする場合は「音楽」とカードに書きましょう。ダンスの会ならそのかわりに「舞踏」と書きます。

〈お互いに失望〉家庭招待会でアマチュア芝居を上演中。厳格な女主人「遅すぎますわ、もうずっと前に始まりました」素人芝居が嫌いな重要人物「なんですと！ まだ続いてるんですか！」『パンチ』1876年7月8日。

こうした招待カードには通常「R.S.V.P.（要返信）」という文字も書かれますが、そうでなくても、受け取り後、数日のうちに返事をしなければなりません。お客様が何人来るのかわからなければ、もてなし役の女主人が困ってしまいますから。

『淑女と紳士のためのエチケット全集』（一九〇〇）

このエチケット・ブックの記述にしたがえば、少なくとも一九世紀の終わり頃には、口頭の会話では演奏会、午後のダンスの会、舞踏会、アマチュア芝居など と呼ばれるような特別な催しも、招待状の文面では「家庭招待会」にふくめられていたということになる。夕食のあと、夜の一〇時や一一時からひらかれる「家庭招待会」はレセプションとも呼ばれたが、口頭では「アト・ホーム」ではなく「今夜はスミスさんのお宅のパーティーに行きます」などと言うよう、エチケット本ではすすめている。

〈アフタヌーン・ティー〉内気な男性が、前に披露した面白い話をみんなの前でもう一度するよう頼まれて……。お茶の会はどちらかというと女性が中心。『パンチ』1873年5月17日。

「会話が中心の会」——つまり、カードに書いてあるのが「アト・ホーム」だけで、他に補足がない場合は、開催時間が午後であれば、それは「五時のお茶（ファイブ・オクロック・ティー）」と同じ、いわゆるアフタヌーン・ティーのことをさした。

招待制アフタヌーン・ティーのひらき方

一〇～三〇人程度の小さなお茶の会なら、招待状なしの普段のアフタヌーン・ティーを少し豪華にした程度でかまわない。あなたはもてなし役の女主人として、応接間に着席して待機し、お客を迎え、みずから、大きなティー・アーンから茶を注いでお客に渡すことになる。新しい客を迎えるのに忙しく、人手が足りないようなら、できるだけ使用人ではなく、娘、友人や親戚の若い令嬢などの手を借りてお茶を配る。

しかし、五〇人から数百人の、中規模や大規模の家庭招待会では、もう少し準備が必要だ。厚いコートの季節なら、クロークルームをもうけて上着を預かる必要がある。女主人は応接間の扉の内側に立って待機し、次々に到着する客を握手で迎える。いくつもの部屋を開放して自由に行き来できるようにしておき、インテリアや絵画、写真のアルバムなどを見てもらう。正餐室に長テーブルを置いて、たっぷりのお茶と軽食を載せ、使用人から客に手渡す立食（りっしょく）形式をとる。お茶、コーヒー、菓子やケーキやフルーツにクリームなどのほか、男性客のためにシェリーやクラレット・カップ［ワインのカクテル］も用意する。

とはいえ、午後のお茶の会には、圧倒的に女性の参加者が多かった。働いて稼ぐ必要のある中流階級の男性なら、まず昼間は仕事をしているだろうし、たとえ有閑（ゆうかん）階級の紳士であっても、女性たちの社交に付き合わされるよりは、男性限定の紳士のクラブのほうが気楽で好ましかったらしいことは、イギリス小説の描写の端々（はしばし）にも読み取れる。

女主人としての気配りと「紹介」の意味

全員が互いに顔見知りならいざしらず、数十人から数百人規模がたえまなく出入りする「家庭招待会」では、知らない者同士が自然と隣り合うことになる。もてなし役のあなたはそうした場面をすばやく見つけて機転をきかせ、引き合わせることが求められる。

「レモネードより元気の出るやつ、なんかないの？」お子さま向けにはレモネードやオレンジジュースが定番。ルイス・ボーマー作、『パンチ』1920年12月22日。

なお、そのような経緯で相手の名前や肩書を教えられ、当たりさわりのない会話を和やかにかわしたとしても、それはその場限りのことであって「正式に紹介された間柄」という事実にあたるとは限らない。別の場面でふたたび出会ったとき、身分の低い方から親しげに話しかけたり挨拶することは、まだ許されなかった。身分の高いほうの人間が相手を認識し、にこやかに会釈をしたり、声をかけた時点で初めて、カードや訪問をかわせる関係がスタートする。ランクの高い側が進展を望まなければ、冷たい会釈のみを与えて通り過ぎるか、目も合わせず無視する。そうなれば、別の主催者のパーティーで再会しても、見知らぬ者同士としてもう一度始めなければならないのだ。

家庭招待会とは、知り合いと交流し、人脈を広げるための場だ。とはいえ、新参者の相手を受け入れるか、関係をすすめるかどうかは、序列の高い側に常に決定権があった。「成り上がり者」をできるだけ寄せ付けたくない、という、上流貴族たちのプライバシーへの願望は尊重されねばならなかった。家庭招待会を主催するあなたは、つねに参加者のようすに目を配り、細やかに機転をきかせ、その場の人間関係を把握して、他人を惹きつける興味深い空間を作り上げなければならない。

出し物のバリエーション

「家庭招待会」成功のための最大の秘訣は、可能な限り多くの著名人を集めることです。単に称号があるというだけではなく、才能や人格によって社交界に不動の地位を占めたような男女が望ましいのです。

『社交界の交わり』（一八七〇）

家庭招待会の場をさらに興味深いものにするために、国内外の王室や要人の出席を確保できたときには、招待状に「D王女殿下を迎えて」「C伯爵とともに」などという一文を誇らしげに掲げた。誰

アフタヌーン・ティーのセッティング。白いテーブル・クロスを敷いて花を飾り、薄く切ったパン、バター、ケーキやビスケットを並べ、銀のやかんと磁器のティーセットを置く。『ビートン夫人の家政の書』1906年。

〈ポンソンビー・デ・トムキンズ夫人の『在宅日』〉公爵夫人をもてなしていた「上昇志向」の若奥様（右）のもとに、自慢できない親戚が訪ねてきてしまった。『パンチ』1880年1月24日。

もが知る人気の演奏家や芸能人を呼ぶことに成功したときも、目玉として招待状に記す。さほど有名ではない演奏家や無報酬のアマチュアであれば、ただ「ミュージック」と書いた。

　報酬を払ってプロのエンターテイナーを招き、もてなしの目玉とすることは広くおこなわれていた。一八九五年の「ハロッズ百貨店」商品カタログにも、パーティーに呼ぶことのできるミュージシャンやバンド、歌手やコメディアン、ピエロや曲芸師、手相見、占い師、果ては芸をする犬や猫まで、幅広いリストが掲載されている。

報酬額も明記されており、女性ピアニストは〇時までで一〇シリング六ペンス、男性ピアニストは一晩貸切で一ポンド一シリング。二〇〇〇曲のレパートリーを演奏可能な五人編成の楽団は五ポンド五シリング。女性ピアニストの報酬が男性にくらべて低めなのは、全体的な賃金格差ももちろんあるが、ひょっとしたら当時は、中流階級以上のレディなら、たしなみとして音楽を習う人が多かったため、供給過多になっていたのかもしれない。「東洋人の手相見」は三ポンド三シリングで、「小鳥の綱渡り、猫のボクシング、ハツカネズミの競走」などを含む「応接間、ガーデン・パーティー、学校」向きの動物曲芸団も三ポンド三シリングで呼ぶことができた。子どもを喜ばせるのか、大人をうっとりさせるのか、客として呼ぶ有力者の顔ぶれだけで、ほかの人に対しては「おもてなし」となりうるのか、予算と会の規模とゲスト・リストをにらみながら、あなたは追加の余興を考えることになる。

演奏会とアフタヌーン・ダンス

演奏会は、社交界に野心を抱く女性がもてなしに取り入れる定番の趣向であったようだ。ある女性の体験からもそれはうかがえる。

一九世紀の初頭、伯爵の娘であったレディ・シャーロット・ゲストは、貴族どうしではなく、裕福な中流階級の工場主と結婚したこと、また母親も牧師と再婚したという事情も重なって、上流社交界の中心部から締め出されてしまった。レディ・シャーロットは「最高に高貴な血」にふさわしい地位を回復することを誓い、上流階級の友人たちの助けを借りた。彼女たちの何人かが、演奏会をひらくことをすすめた。各界の要人を客に招き、名高いプロの演奏家や歌手を呼んで、私的なコンサートをひらくのだ。そして演奏会と舞踏会を繰り返し、やがて夫にも男爵の称号が与えられることになって、最終的にレディ・シャーロットは社交界での自分の地位に満足することができたという。

庶民向け演芸場（ミュージック・ホール）で人気の動物の曲芸団。『ロンドン暮らし』1902年。

応接間のパーティーで曲を披露するイタリア人作曲家と若い女性演奏家。『ガールズ・オウン・ペーパー』1884年1月12日。

〈音楽の家庭招待会〉フランス人の演奏家を招いた女主人。客はおしゃべりに夢中で演奏家はうんざりしているのだが、なまかじりのフランス語をひけらかす彼女には皮肉が通じていない。『パンチ』1887年4月9日。

自宅の応接間に椅子を並べて会場を作り、演奏や歌を聴くような演奏会だけでなく、ダンスを目玉にした会もある。夜の舞踏会は格式が高く、コストも天井知らずだったが、そこまでお金をかけられない人たちには、午後にひらく気軽な「アフタヌーン・ダンス」の会も人気があった。広々とした板張りの美しい舞踏室が用意できなくても、普段の応接間のカーペットの上から「ダンス用の布」を敷けば対応できた。来客は正装のイブニング・ドレスではなく、通常は四～七時という時間帯に合わせた昼間の外出用ドレスで現れ、コートやマントは脱いでも、帽子はかぶったまま踊った。

郊外の屋敷の庭などを使っておこなうビュッフェ形式のガーデン・パーティーは、一九世紀の後半、初夏の時期にさかんにひらかれるようになった。ダンスを取り入れる場合、やはり応接間か、または庭に建てた仮設テントのなかでおこなわれた。

夜の舞踏会については別の章に譲るこ

とにしよう。「家庭招待会」を通じて社交界の評判をまずまず高めたあなたは、いよいよ正餐会をひらくことに決める。

正餐会への招待は最高の栄誉

正餐会への招待は、つねに栄誉なことと考えねばなりません。またそれは、あなたが招待してくれた人と対等な階級であると認められたということでもあります。どんな国にもこの種のテストは存在しますが、イングランドにおいては、正餐会への招待状が、社会的な平等のあかしなのです。

『現代のエチケット』（一八九五）

正餐会への招待とは、招待客に対して、ほかのどんな社交の催しに比べても、ずっと多くの尊敬、あるいは友情と真心が込められています。ある人から別の人へとおくられる、社交上、最高の賛辞というべきものです。

『上流社交界のマナーとルール』（一八九〇）

正餐会の開催について、あるいは招かれたときの心得について述べるエチケット本の記述は、やけに物々しい。ひとたび招待を受諾したなら、「健康不良、家族の事情、または非常に大事な理由」を述べることができない限り、反故（ほご）にするのは相当の非礼にあたるとされた。「直前になってから、ささいな言い訳で欠席するような配慮の足りない人間は、次回の招待リストから外されることになるでしょう」という。

招待状の形式も違う。家庭招待会の招待状は、ダンスでもアマチュア芝居でもガーデン・パーティーでも、同じ「アト・ホーム」のカードにひと言補足するだけですませていたし、差出人は女主人ひとりだけの名前で出すものだった。しかし、正餐会のフォーマルな招待状は、主催者夫妻の連名で、三人称の文章で書かれるのが通例だ。「スミス氏とスミス夫人は、ウィンザー嬢が正餐会にご来臨（らいりん）くださいますようお願い申し上げます」といった具合である。これは、現在でも国際儀礼やフォーマルな招待状に引き継がれている。この様式の招待状には、返事も三人称で、「ウィンザー嬢は、スミス氏とスミス夫人のご親切な正餐会のご招待を喜んでお受けいたします」となる。

正餐会の招待状には、固有名詞や時間・日付・住所に空欄をもうけた印刷済みのカードを用いたが、より親しい関係の小さな催しでは、ある程度の親しみを残した直筆の手紙で出した。予定が立て込むロンドン社交期であれば、招待状は四〜六週間前には出しておくこと。通常なら三週間、小さな会では五〜一〇日前で十分だった。返事についても、準備する女主人を思いやって、二四時間以内、遅くとも二日以内に出すのが礼儀とされた。できれば使用人に届けさせたいところだが、郵便でも許された。

たとえ差出人は夫妻の連名になっていたとしても、実際に訪問カードやリストを管理し、招待状を出し、返事を受け取

1849年にノーフォーク公爵夫妻がロンドン中心部の自邸でヴィクトリア女王夫妻を招いて開いた饗宴。社交界の頂点。

り、準備に奔走するのは妻の役目であった。あなたは理想の正餐会を目指して、可能な限り興味深い人選を考えることになる。気難しい叔父さんや伯母さんがあとですねたりしないよう、親戚縁者もほどよく混ぜる必要があるし、何よりもできるだけ男女を同数に保たなければならない。当日は、盤上のゲームのようにカップルを組にして動かすことになるのだから。

正餐会は序列の一大スペクタクル

社交界には、身分の高い、上流階級の、自分の地位を濫用する人がたくさんいて、こうした人は時間どおりに現れないのはご存じのとおりです。その人たちは、社交期の最盛期に、招待主の女主人が、自分を抜きで始めるくらいなら三〇分は待つ、ということを知っているのです。

『上流社交界のマナーと慣習』(一八七九)

当時の社交界の上層部には、遅刻に無頓着で、パーティーの主催者がどれだけ待ってくれるかによって自分のステータスをはかろうとするような人が少なくなかったらしいことが読み取れる記述だ。そこまでできるほど自分の価値に自信がないならば、招待状に書いてある時間――一九世紀末であればだいたい夜八時――から「一五分以内」に到着するのがおおむね安全なふるまいだった。早すぎても遅すぎても間の悪いことになる。

到着した客は、使用人が迎え入れてクロークルームにまず案内する。といっても、個人の家に普段から専用の部屋があるわけではなく、図書室や予備の小さな応接間を開放し、男女別に簡単な身づくろいができるようにしておいた。男性はホールかクロークルームで帽子と手袋とステッキを使用人に預け、女性もコートやマントを脱いで髪やドレスを整える。そして、執事かフットマンが客の名前を聞き、主催者夫妻が待つ応接間まで先導して、扉のそばで到着をアナウンスする。

〈ひなびた郊外の年代記〉結婚記念日のため、何人もウェイターを雇いテーブルを豪華に飾って正餐会を開いたが、天気が悪く誰も来なかった。テーブルの端と端で女主人と主人が乾杯。『パンチ』1883年1月23日。

chapter 3

男女が腕を組み、招待側の主人を先頭に、応接間から正餐室へ降りて行く。『ビートン夫人の家政の書』1880年代。

〈当然の仕打ち〉6時半の招待を受けて、8時半に到着しても問題ないと思っていた紳士「待ってくださっているものとばかり」女主人「まさか！　とっくに終わりました。お茶はいかが？」『パンチ』1859年。

執事または男性使用人の誰かが良い声で「ウィンザー夫妻（ミスター・アンド・ミセス・ウインザー）でございます」と、夫妻が一緒に到着したことを、夫の名から先に宣言しても、入室する順番は女性が先だ。この段階で腕を組んで並んで入ることも非礼にあたる。客たちはまず主人夫妻へ近寄り、握手を求めた。

客がそろい、準備ができるまでの一五分間に飲食物は出さないが、だからといって会の主催者たるあなたと夫は、いたずらにただ待つわけにはいかない。事前に男女同数になるよう調整し、家系や称号などをきっちり調べておいた客たちを、序列にそって組み合わせ、男女ペアにするという仕事があるからだ。談笑をかわしながらさりげなく、男性客に「スミスさん、ウィンザー夫人をお連れください」とお願いする。知らない者どうしであれば紹介もする。

ふたたび執事が姿を現し「正餐のしたくがととのいました」と告げると、主人が一番地位の高い女性客に右腕を差し出し、彼女はその腕を取って並んで出ていく。女主人たるあなたは、二番目の男女、三番目の男女と、地位の順に声をかけて送り出す。女主人と最も身分の高い男性客は最後に出ていく。こうして、応接間から正餐室まで、正装の男女が腕を組んでぞろぞろと行進するのが始まりの儀式

であった。

序列にしたがうと、夫婦、親子、兄妹など家族がペアになってしまう場合は、調整が必要だった。同様に、主人夫妻の相手となる最高ランクの客が、近い血縁者の場合も、ほかの客に敬意を表して変更する。ただし、婚約中の男女は地位にかかわらずカップルにしてあげるべき。それでも数が合わず、同性どうしが残ってしまう場合は、腕は組まずにひとりずつ歩いていった。地位が同じくらいの場合は年齢が高いほう、未婚より既婚、爵位や栄誉の授与時期が古いほうが上だ。

正餐室につくと、入り口から遠い端の席には女主人のあなた、その右に、応接間から組んできた最高位の男性客が着く（この位置関係について、左側に男性を座らせるとしている本もある。現代の国際儀礼では女主人の右に主賓が座る）。入り口に近い端の席には主催の主人、彼の右に最高位の女性客が座る。あとはペアごとに女性が右に座り、男女交互に席に着く。

以上が一九世紀末における英国式の長テーブルの使い方だった。テーブルが長すぎて端どうしが遠い場合、主人夫妻が長い辺の中央に向き合って座り、最高ランクの男女の客をそれぞれ隣に座らせた。

〈やさしいエゴイスト〉（テーブルの端は女主人が占め、その隣に座っている男性は最高位の主賓であるはずだが）、他の人が話すなら自分はけっこう、と会話を拒否。『パンチ』1892年6月11日。

> あの女性と組むほうがいい、というような「選ぶ権利」は、いかなる紳士にも与えられることはありません。単純に、ランク付けだけが基準なのですから。
>
> 『上流社交界のマナーと慣習』（一八七九）

移動と席次においては、話しやすさや親しさよりも、序列を守ることが求められる。多少の入れ替えがあるとしても、秩序を乱さない範囲で客への敬意を表すため。つまり、フォーマルな正餐会とは、単に仲良しが集って食事をするというだけのものではなく、誰が誰よりも上で下か、ということを、同席した全員の目に見えるようにする場でもあった。

そうはいっても、横紙破りなできごとも起こりがちではあったようだ。エアリー伯爵夫人メイベルの回想によれば、彼女が正餐室への行列を並べようとすると、そのたびにもめごとが起きたという。「ポートランド公爵夫人がいつも先に行くことを主張した」けれど、位階にしたがえば「ほんとうはロクスバラ公爵夫人のほうが先だった」からだ。

開始時間の約束が守られないことが多々あったのと同じように、はっきりしたルールが存在する場でさえ、地位をか

〈正餐のテーブル——古風なスタイル〉フランス式給仕法のテーブルセッティング。ふたをした料理の大皿がテーブルの中央にたくさん並べられている。これをめいめい自分で取ったり、取ってもらったりして食べる。『ビートン夫人の家政の書』1906年。

〈正餐のテーブル〉ロシア式給仕法のテーブルセッティング。テーブル中央には大皿料理はなく花とフルーツのみが飾られている。ここからコースごとに一皿ずつの料理がウェイターの手で各人の前に運ばれてくる。『ビートン夫人の家政の書』1880年代。

秋の正餐（10、11、12月）12人・8コース構成の料理

上流社交界のエチケット（1893）

1. スープ
   澄んだウミガメのスープ
   白いスープ
2. 魚料理
   タラ
   ニシンの稚魚
3. アントレ［メインディッシュの前の料理］
   マトン・カツレツ、トマトソース添え
   オイスターのパテ
   リー・ド・ヴォー［子牛の胸腺］
   ビーフ・オリーブ
4. リムーヴス［メインディッシュ。ルルヴェとも呼ぶ］
   マトンの腰肉
   雌七面鳥
5. 猟鳥肉［ゲーム］
   キジ
   シギ
6. スイーツ［アントルメとも呼ぶ］
   ベイクウェル・プディング
   ワイン・ゼリー
   イタリア風クリーム
   リンゴのケーキ
   チョコレート・クリーム
   チーズ・フォンデュ
   辛味の卵
7. アイス
   バニラ・アイスクリーム
   カラント・ワインのアイス
8. フルーツ［デザートとも呼ぶ］
   パイナップル
   梨、ぶどう
   西洋カリン
   ハシバミの実

さに着て希望を通そうとする人はそれなりにいたと見える。

一九世紀のメニューと給仕法

正餐室で、男性が女性の椅子を引いて座らせると、女性は目の前の皿の上に美しく折りたたまれたナプキンを取る。長くてきつい手袋を脱いで膝に置き、その上から、広げて半分に折ったナプキンをかける。さて、これからようやく食事が始まる。

かつての英国では「フランス式給仕」といって、テーブルの上にさまざまな大皿料理を載せておき、主人と女主人が取り分けるか、または出席者が欲しいものを互いに頼んで取り合い、食べ終わったら片づけて次のセットを載せる、という方法が主流だった。一九世紀の後半には、ロシア大使館の給仕長が紹介したといわれる「ロシア式給仕」がしだいに普及す

ヴィクトリア時代の食後の甘味と塩味の料理。左上から順に、ゼリーとホイップクリーム／ヨークシャー・パイとアスピック・ゼリー［肉や魚のスープのゼリー］／トライフル［スポンジケーキとフルーツとカスタード、生クリームを重ねた菓子］の周りにアイスとゼリーを並べて／クリスマス・プディング／二色のゼリー 『カッセルの家事ガイド』1880年代。

る。ひとりひとりの客の前にナプキンとパン、ナイフ、フォーク類とグラスが並べてあり、前菜からデザートまで、使用人が一皿ずつ給仕していくという方式である。これは、フランス式よりも多くの食器と使用人を必要とした。

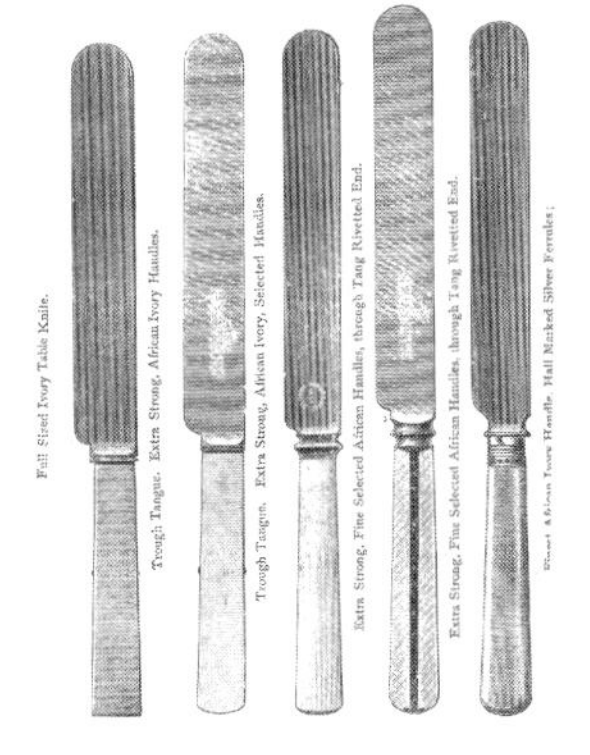

象牙の持ち手のテーブルナイフ。百貨店ハロッズのカタログより、1895年。

凝った装飾のフィッシュナイフ。魚の模様もある。1895年。

それぞれのコースをどう呼ぶか、どこで何を出すのか、『あらゆる規模のパーティーのひらき方』（一八八〇）と『上流社交界のエチケット』（一八九三）を参考に、一九世紀末の私的な正餐会で出たメニューを再構成してみよう（右頁参照）。

「ロシア式給仕」による料理の構成が、現代の日本でも供されるコース料理のもとになっている。スープの前に前菜（オードブル）があったり、魚料理やアントレをひとつだけでなく何種類も続けて供したり、アイスで口直しをしたあとまた肉料理を出したり、メインディッシュの前後に旬（しゅん）の野菜やサラダを独立したコースとして組み込んだりと、もっと皿数の多い、長くてボリューム満点の正餐会になるパターンもあった。

また「アントレ」「アントルメ」「スイーツ」「デザート」に含まれる内容が、同じ言葉でも国や時代によって変わる点にも注意が必要だ。アントレは現代のアメリカや日本ではメインディッシュをさす場合もある。日本でデザートというとケーキを想像するが、イギリスではフルーツのことだ。食後の甘い菓子のことはスイーツかアントルメ、あるいは現代ではプディングとも総称する。

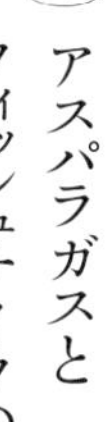

アスパラガスとフィッシュナイフの罠

ナイフ、フォークは使用人の手で整然とテーブルの上に並べられており、スープ・スプーン、オイスター・フォーク、テーブル・ナイフとフォーク……などと、料理に合った道具を順番に使っていく。

何を使ってどう食べるかということを、こまごまと——アイスやケーキはスプーンではなくフォークで、フルーツや汁気の多い菓子はスプーンで、種のあるフルーツは皿の上で切り離すか、口元に持っていって目立たないようにそっと種と皮だけ吐きだす、云々（うんぬん）——ページを割いて述べているエチケット・ブックは多い。カトラリーの使い方は、社交界に不慣れな読者がもっとも不安に思う点だったのかもしれない。

なぜかかならずと言っていいほどふれられているのが「アスパラガスの食べ方」だ。どうやら過去の時代には手でつまんで食べるのがふつうだったところ、一八九〇年代までには、ナイフで節を切ってフォークで食べるようになっていたらしい。それでも、「基本は手で食べるがバター添えはフォークで。ナイフは使わない」とか、「過去の習慣が抜けない年配の紳士のなかには手を使う人もいる」、などと書かれている本もある。当時、アスパラガスは単独でメインディッシュ扱いになるほど人気があり、食べ方の過渡期であったために、「正解」を求める意識が高まったと見える。

同じようにエチケットが変化したものに、フィッシュナイフがある。魚専用の銀または銀メッキのナイフとフォークが使われるようになったのは一九世紀前半のことで、それまではフォークとちぎったパンを使って食べていた。フィッシュナイフは独特のフォルムに華麗な模様が入っていて可愛らしいが、これを階級を示す指標だと考える人もいる。たとえば二〇世紀初頭に大貴族の家で働いていた元執事のアーサー・インチは、フィッシュナイフは中流階級に独特のものであると著書『正餐のしたくがととのいました』（二〇〇三）で述べている。上流階級の人びとは、伝統的な生活スタイルを好み、用途の限られた新奇な発明品は使いたがらない、というのがある種のステレオタイプ的な見方として存在していた。

肉の切り分けは主人のつとめ

正餐のメインとなるどっしりした料理のことを「リムーブ」と呼ぶことがある。これは、かつてフランス式給仕法において、最初のコースで出たスープや魚料理の大皿をとりのぞいて登場した料理であったところに由来する。まるごとのローストチキンや、骨付きの大きなかたまり肉が運ばれてきたら、その場で切り分けし、各人の皿に取って配るのだ。古風なフランス式給仕の場合、この切り分けは、ふつう主催者側の主人、家長の役割である。

〈良いものでも多すぎると〉お気に入りのドレス・シャツにアスパラガスをぶちまけられた。『パンチ』1857年。

カービングは、長らく上品な生活における小さな技術として尊重されてきました――育ちの良い男性をひと目で見分けるテストであり、器用かつ優雅に実行できれば、それは上流社会で訓練を受けたことの証明となります。「ホールで踊ることと、食卓で切り分けること」は、若い紳士が身につけるべき技能として、並々ならぬ重要性を持っているのです。
メグ・ドッズ『コックと主婦の手引き』(一八二九)

やがてロシア式給仕が普及すると、切り分けは執事またはその他の使用人の仕事となり、食卓の上でなくサイドボードでおこなわれるようになる。ではこれで主人たちは「並々ならぬ重責」から解放されたのかと思いきや、ほかのメニューは使用人が一皿ずつ配っても、メイン料理のカービングの儀式だけを食卓の主人に残した「半ロシア式」もあったので気は抜けない。

大きなローストチキンを前にして、食卓で主人が肉の切り分け(カービング)に挑戦。『絵入りロンドン料理の本』1852年。

『ビートン夫人の家政の書』であれ、その他のエチケット・ブックであれ、後の時代の版になっても、肉の切り分け方法について独立した項目をもうけ、長々とページを割いて解説しているものは多い。それどころか、『切り分けのハンドブック、正餐の食卓におけるエチケットのヒントとともに』(一八三九)などと、カービングが主題で、テーブルマナーはおまけ扱いになっている本もあった。

現代日本の宴の席では、サラダや鍋料理を取り分けたり、飲み物を注いだりするのは、まるで若い女性の役目のように思われている場面は多いようだ。しかし一九世紀の中盤までのイギリスにおいては、メインディッシュの大きな肉をあざやかに切り分けてみせる行為は、男性が社交の技能を発揮する機会だった。

若い女性に求められる「暗黙の了解」

正餐会では大量の料理を、すべて残さず食べなければ失礼にあたる——などというエチケットは存在せず、コースごとにパスしてもかまわない。しかし、料理の選び方にも、ただの食の好みに従うだけではなく、エチケットを意識せねばならなかった。前述の「秋の正餐」のメニューリストのなかでは、たとえばスープやメインの肉料理など、二種類以上の料理が提案されているが、注意深く見ていくと、「透明または白っぽく、あっさりしていて、若い」素材と、「色が濃く、風味が強く、熟成された」素材の両方が含まれるように考えられている。これは、若い女性は前者を、男性は後者を食べる「べき」だ、という男女の役割固定的な考え方が反映されていたからだ。

女性のなかには、単に好きではないと

いう理由から牡蠣を食べない人が非常に多く存在します。しかし、牡蠣を食べないほうが淑女らしいと思い込んで拒否している人もいるのです。おそらく、若い女性の味覚は成熟していないのでしょう。男性のほうでは、女性が食欲を表すことを非常に嫌い、アントレは断って、チキンの薄い切れ端とゼリーひとさじですませてほしいと思っている人がいます。しかし逆に、食欲旺盛なのは健康で胃が丈夫なしるしだとして尊重する男性もいるのです。もちろん、なにごとも極端な意見の中間くらいが正解なのでしょう。それに、大規模な正餐会の料理は、主として美食家の男性の好みに合わせて作られているものですから、女性は、味が一番濃い、リッチな料理は避けて、もっともシンプルな料理を選ぶのが当然とみなされます。このアドバイスは、若い女性や、若い既婚婦人にとくに当てはまるものです。中年や年配の女性は好きなものを好きなだけ自由に食べても、陰口を言われることもなければ人の目にとまることすらないでしょう。

『上流社交界のマナーとルール』（一八九〇）

逆にいえば、中年や年配女性ならかまわないが、若い女性があっさりしたチキンや野菜を上品に少量だけ食べるのではあきたらず、「男性のように」風味の強いマトンや牡蠣をもりもり食べると眉をひそめられる、というわけである。とはいえ、若い人のほうがコルセットもきつく締めているだろうし、たとえ好物でも思う存分に食べるというのは難しかった

〈言わないほうがよかったこと〉主催者の女主人に全然食べていないじゃないですか、とたずねるゲスト。「もう全部のお料理をいくらかずついただいたんですの」「そりゃ大した量じゃありませんな」『パンチ』1886年10月23日。

かもしれないが。

前述のメニューのうち「アントルメ」のカテゴリーの最後には、甘い菓子だけではなく「辛味の料理（セイボリー）」もふたつ載っている。これは、食後のデザートワインと一緒に食べることを想定した「しょっぱいおつまみ」といったところで、ロシア式給仕の細分化がすすむと独立したコースとして分けられることになる。しかし『上流社交界のマナーとルール』によれば、この辛味の料理は「若い女性はふつうは食べません。紳士のためのものだからです」。食後のワインについても「女性はおかわりをするものではありません」。そしてテーブルマナーの章の最後は「当然ですが、若い女性は正餐会でチーズは食べません」という一文で締めくくられている。

食事中は手袋をはずし、正餐室を出ていくときにふたたびはめる。『ガールズ・オウン・ペーパー』1883年12月15日。

一九世紀の正餐会においては、酒好きで辛党の若い女性というものは存在しないか、いたとしてもエチケットに反する、社会の規範をはみ出した存在として扱われていたようである。ワインとチーズと美味しいものと女の子どうしのおしゃべりを好むような現代の若い女性にとっては、ヴィクトリア時代の正餐会はあまり楽しめるものではないかもしれない。

自由と権力

料理を給仕する使用人たちは、フルー

ツまで出し終えると、主人夫妻と客たちを残して退室する。ここからは参加者が互いにデカンタを回し、フルーツや辛味の料理、ワインを味わう。一〇分ほど経過したところで、女主人のあなたは立ち上がり、もっとも高位の女性客に目礼（もくれい）で合図をする。ここで全員が立ち上がる――女性はあなたを最後に、列をなして出ていくために、男性は女性に敬意を示し、なかでも出入り口に近い人は扉を開けて押さえておくために。応接間についたあなたたちを、使用人がすでにコーヒーを用意して待っている。

残った男性たちは主人の周りに椅子を寄せて、ワインと煙草で淑女の前ではしにくい話をする。いったい何の話をしていたのかというと、ハンフリー夫人の『男性のマナー』（一八九七）によれば「政治やスポーツ」の話であるようだ。つまり、それらの話題は非常に男性的で、男女が交わる正餐の最中にはあまり良い話題とはみなされない。

政治とスポーツの議論にまだついていけない若い男性を見つけたら、主人は、先に退席して女性の部屋へ行ってはどうか、と促すこともあったらしい。しかし、男性のグループから追放された若い男性が、女性の集団にひとりで加わるというのは、それはそれで勇気がいることだったろう。

たくさんの料理のメニューにせよ、気楽な会話の話題にせよ、一見してなんでも選び放題であるかのように多くの選択肢が提示されるのだが、実際に選べるものはさほど多くはない。招待主の豊かさや自由さやセンスを見せることは必要だが、ほんとうに固定観念を外れるものを選ばれては困るのだ。たとえば、給仕係の使用人がスープ皿を下げるとき「おかわりはいかがですか？」と聞くのは定型の礼儀だが、それを真に受けてもう一種類のスープを頼んだりしてはいけない、とエチケット本には書いてある。

そうはいっても、冒頭に述べたような、支配階級の、限定されたサークルに足を踏み入れたなら、政治家が思う存分に激論を交わす集まりもあれば、女性に参政権がまだない時代にありながら、みずから積極的に政治にかかわっていこうとするレディもいたのは確かだ。「お約束」を破る自由を得るためには、生まれつきの身分の高さか、あるいはさまざまな犠牲をはらって得た富、名声、権力が必要――だったのかもしれない。

正餐会のしめくくり

さて、いくら男性だけの場で議論が盛り上がっても、正餐室で酒を飲み続け、あまり長く応接間の女性たちを待たせておくのは良い態度とはみなされなかった。夫たちが来るのがあまりにも遅すぎると感じたあなたは、使用人に言って正餐室にコーヒーを届けさせることになる。これは、かなり強い催促の合図となった。

最高位の男性客が頃合いをみて立ち上がると、主人はベルで使用人に合図を送り、男性たちは応接間に移動して女性に合流した。ちょうど到着するころ、紅茶

正餐会のあと、応接間でひとしきり歓談をしたあと、女主人に別れの挨拶をして解散。『ロンドン暮らし』1902年。

が用意されているという手はずである。それから三〇分ほど談話したあと、一〇時三〇分ごろに馬車が呼ばれ、その夜はお開きとなった。

男女がペアを組んで交流する場でありながら、序列の上下が重視されて、なかなか堅苦しい。性別ごとに期待される役割やイメージも、現代以上に堅固だ。その場をまとめあげる女主人の苦労は想像してあまりある。それでも重大イベントである正餐会が成功すれば、ひと仕事終えた、名声を得た、階級の小さな階段をひとつ上がったという充足感が得られたのかもしれない。

ひとつひとつの催しを成功させ、あの人のパーティーはお洒落だしいつも感じが良い、という名声を勝ち得たなら、あなたはいっそう次の世代への期待を高めていくだろう。家族の未来のために、娘や息子に良縁を手に入れなければならない。「選択肢」はどこまで広げられるだろうか。

column 外出時のエチケット：男性編

挨拶は目上から

道行く英国紳士が、知人の女性に出会ったときに、ちょっと自分の帽子を持ち上げて挨拶する——古風な映画のなかでよく見かけるシーンだ。このような道での挨拶の仕方にも、もちろんエチケットの法則がある。

挨拶は目上の者が目下の者を「認識」したとき発動する、という基本的なきまりがある。エチケット上の順位は、称号があるほう・高いほうが上、年齢の高い人が上、既婚のほうが未婚よりも上、そして男性よりも女性のほうが上となる。当時のイギリスでは、知り合いどうしの男女が出会ったら、挨拶は女性からするものとされていた。しかし、よほど親しい関係のときはもちろん例外だ。また、ヨーロッパ大陸では逆であることに注意せよ、と述べているエチケット・ブックもある。

つまり、恋する英国紳士が、まだあまり親しくない意中の女性を街中で遠目(とおめ)に見かけても、相手が自分を認識して軽くうなずいてくれるまでは、こちらから声をかけてはいけない。近づいて握手を求めたり、身体に触れて振り向かせたりなどは当然許されないし、目を合わせて帽子を持ち上げるのも、相手がそれを望んでいることを確認できてからになる。

では、気づいてもらえるまでどうやって待てばよいのか——「往来で女性をじろじろ見てはいけません」(『社交界の交わり』一八七〇)が、かといって、相手が気づきそうな距離にいるのに「目をそらして無視せよということではありません」(『男性のマナー』一八九七)。ちょうどよい、自然な態度が求められたのである。

男性どうしの場合は、ふつうは帽子を持ち上げることはせず、軽い会釈(えしゃく)ですませる。友人が女性と一緒にいる場合は、その女性が相手の母や妹など身内であっても、帽子を持ち上げる挨拶をする。このときも、地位が高く年上のほうから先に行動を起こす。

距離をはかり、外堀から埋める

さて、男性が知り合いの女性に路上で出会

土曜日の午後、馬車で通り過ぎる女性たちに男性がみずから駆け寄って挨拶。これは軽いマナー違反？『パンチ』1888年。

った場合——少し話したいと思ったら、男性側が女性の行く方向へ一緒に歩き、話したい内容が終わったら元の方向へ戻る、というのが伝統的なマナーであった。同じ時期の本でも、女性と一緒に歩くとき、「介助が必要なお年寄り以外とは腕を組んではならない」と節度を求めるものと「夜は必ず腕を貸す」とする本の両方があり、男女に許される肉体的距離感に関しては著者により見解が分かれたようだ。

交通量の少ない壁側を女性に歩かせてガードし、もし買い物帰りなどで荷物を持っていたら、助力を申し出る。雨が降れば傘をさしかける。

これだけ騎士道的なふるまいをしても、相手に気に入られなければ「感じの良い会釈だけの間柄」から先に進めない可能性もある。エチケットを鎧として、ガードを上げている相手に近づくには、やはりエチケットを武器として、つまり別の社交の場できっちりと他人の紹介を取り付け、外堀から埋めて断れない状況に持ち込むことが必要であったようだ。

ダンスを申し込まれた女性が、自分の「ダンスカード」を差し出し、パートナーに名前を書いてもらう。『ダンスの踊り方』1900年頃。

第4章

舞踏会と男女の駆け引き

オスカー・ワイルドのエチケット

ベリック公爵夫人：（ソファーにかけながら）ちょいとそのカードをお見せ。ウィンダミアの奥さまが、またカードを使いはじめられて、とてもうれしいよ。――これさえあれば、娘をもつ母親は安心だからね。ねえ、おまえ！（ふたつの名前を消しさる）よい娘さんはね、とくに貴族の子弟でも財産のもらえそうもないような、こんな男のひととワルツを踊ったりするものではありません！　とてもふしだらな感じだからねえ！　最後の二曲はホッパーさんとテラスへ出ているのですよ！

ダンビー氏とプリムデイル卿夫人、舞踏室から登場。

アガサ嬢：はい、おかあさま。

オスカー・ワイルド『ウィンダミア卿夫人の扇』（一八九二　西村孝次訳）

オスカー・ワイルドといえば、現代で

は『ドリアン・グレイの肖像』『サロメ』など、唯美主義・退廃的・幻想的な作品で知られるが、一八九〇年代には、社交界を舞台にした軽妙な喜劇の戯曲を手がけて人気を博していた。階級社会にどっぷりと浸かった男女の価値観を皮肉な目線で描き、見栄や世間体が人間関係に波風を立てるものの、当時のモラルを大きく踏み外すようなことはなく、最後には大団円となる。こうしたジャンルの演劇は「風俗喜劇（コメディ・オブ・マナーズ）」と呼ばれる。マナーのコメディ——つまり同時代の風俗・習慣、「ふるまいの基準」が陰の主役になっているのだ。笑いのために現実が誇張され、ゆがめられている面もあるが、エチケット・ブックと照らし合わせれば、ヴィクトリア時代の社交界で何が「常識」とみなされていたかを探ることができるだろう。

右の引用は、とある貴族夫人宅の舞踏会での情景。公爵夫人が娘に、誰とダンスを踊るべきかを伝授している。本筋には絡まないところだが、社交界での地位を高めたい女性——娘により良い「相手」を見つけたい人——にとってヒントとなりそうな「エチケット」が端々に表れている。

たとえば、ここでいう「カード」とは「ダンスカード」または「プログラム」のこと。てのひらにおさまるサイズの一枚または二つ折りのカードで、見開きの左ページに、その夜に演奏される予定のダンス曲の種類と曲名が印刷され、右ページは下線が引かれた空欄になっている。これを、女性がダンスのパートナーの予約状況を記録するために使う。男性が女性にダンスを申し込み、了承されると、彼は曲の傍らの空欄に自分の名前を鉛筆で書き込むことになる。『ウィンダミア卿夫人』の劇中では、主催の「奥さま」が「また使いはじめられた」——つまり、時流の変化に合わせて一度廃止したが、ふたたび使うようになった、という「設

ダンスカードは、通常は10×6.5センチメートル程度のシンプルな長方形だが、凝ったデザインのものもあった。左には曲目、右には名前を書く欄があり、小さな鉛筆がひもでつないである。1875年。

夕食のあとで。ミスター「ワルツを踊っていただけますか?」ミス「そうしたいのはやまやまだけど、あいにく満杯ですの」カードもおなかも満杯。ジョン・リーチ作、『パンチ』1861年。

定」になっている。

一八九〇年代のエチケット・ブックを参照する限り、ダンスカードは、ロンドンの私邸でひらかれる舞踏会では「決して使われない」と書かれる程度にすたれていたようだ。田園地帯のパーティーか、チケット制のオープンな舞踏会でのみ、このカードが配られていたという。

申し込みができるのは男性から女性に対してのみだったが、誰の申し込みを受け、断るかは、女性に選ぶ権利があった。そうはいっても、同じ男性と続けて踊るのは、たしかにエチケット違反だった。このことは、第九代モールバラ公爵夫人コンスエロをはじめ、多くの貴婦人たちが回想録で証言している。

『ウインダミア卿夫人の扇』に登場するベリック公爵夫人は、娘の結婚相手として望ましい相手を選んで踊るよう仕向けていた。彼女の「貴族の子弟でも財産のもらえそうもない……」というせりふには、非常に重要な情報が含まれている。当時は「長子相続」が主流で、いくら格の高い貴族でも、称号と屋敷、財産の大半は長男が相続するならわしだった。また、次男以下の男性は聖職者、軍の将校、植民地勤務の官僚や外交官など、専門職について、仕事の報酬で自活するよう求められた、という事情を反映している。

姉であっても女性の場合は、やはり財産の主な部分は継がせず、持参金として現金や債券(さいけん)を持たせるのが一般的だった。当時の女性の人生は結婚相手によって大きく左右された。つまり、母親が娘の相手についてあれこれ指図するのは、彼女の未来のためであり、称号と地位と財産の三拍子がそろった相手を魅了して結婚させるためであった。

身もふたもない「少しでも条件のいい夫ハント」の狙いを何もかも口に出し、それを聞かされた娘は「はい、おかあさま」の繰り返しで、おとなしくしたがうばかり――というのは、おそらく「コメディ」ならではの誇張表現ではあろうが、上品にとりつくろった、外面の下の本音はおおよそこのとおりだったのではない

「踊っていただけますか？」と礼儀正しく男性が女性に申し込む。1890年ごろ。

か。舞踏会は、社交界において、若い人たちを出会わせ、たがいの相性をみるための舞台装置であった。他人のひらく会を渡り歩いて売り込むのもいいが、自分の娘の存在感をとにかく押し出していきたいなら、やはり自分たちのためだけの個人的な舞踏会を自宅でひらくのが一番だ。具体的な舞踏会のひらき方を、エチケットとマニュアルの本から想像してみよう。

舞踏会の定義

「一九世紀英国の舞踏会」とひと口に言っても、ひらかれる場所、開催目的、参加者のタイプによって大きな違いがある。成功をおさめるためには、正しい時に正しいタイプの会をひらかねばならないし、それぞれに適応すべきルールが異なる。

エチケット・ブックの分類によれば、まず大きくは「公開の（パブリック）」舞踏会（ボール）か、「招待制の」（プライベート、またはインビテーション）舞踏会とに分かれる。「公開の」舞踏会は、実行委員会と後援者の女性(レディ・パトロネス)が入場チケットを販売し、それを入手した人が入れるという催しだ。内訳として、州の舞踏会(カウンティ・ボール)、慈善舞踏会(チャリティ・ボール)、寄付金集めの舞踏会(サブスクリプション・ボール)などがある。

「招待制」舞踏会には、個人邸でおこなわれる一般的な会のほか、キツネ狩りにともなう狩猟舞踏会(ハント・ボール)、あるいは軍や義勇軍の施設でひらかれる軍隊舞踏会(ミリタリー・ボール)などがある。また、仮装舞踏会(ファンシー・ドレス・ボール)や、社交界デビュー前の少女と少年のための、夜一二時にはおひらきになる「シンデレラ舞踏会」もある。なお、以上のような趣向の会でも、チケット制でひらけばそれは「公開舞踏会」となる。

基本的に、ある程度大規模な会は「舞踏会(ボール)」と呼ばれ、小さなものはシンプルに「ダンス」と呼ばれた。『上流社交界のマナーとルール』(一八九〇)によれば、当時、ダンスは八〇〜二〇〇名程度を招待したもの、ボールは二〇〇〜五〇〇名のものをさしたという。ちなみに、現代日本において個人の体験として身近な「パーティー」の代表格といえば結婚披露宴だと思われるが、それでも招待客は七〇人程度の規模が一般的だ(ゼクシィ結婚トレンド調査二〇一六調べ)。実現の可能性はさておき、一九世紀当時の英国社交界において理想とされた「ボール」の定義はその数倍となる。

招待客の選別

舞踏会は、全員の席をきっちりと決めておく正餐会よりは人数の融通(ゆうずう)がききやすい。また、来客にとっては最大の目的であるパートナーの獲得に事欠くような閑散としたパーティーよりは、もみくちゃに混雑した状態のほうがマシだろうと考える開催者は多かったようだ。だからといって、小さな家に入りきらないほどの人数を招いてはいけない——と、エチケット本は戒めている。

どんなにがんばって社交界を泳いできたとしても、五〇〇通もの招待状を、し

社交の場で、上品な若い男女が上品すぎる言い回しで会話をかわす。内容はあまりない。『パンチ』1874年2月7日。

かもできるだけ社交界の有名人を狙って出すことは難しい。そんな人には、地位の高い親しい友人に頼んで、ゲスト・リストを作ってもらう、という方法があった。その場合も、招待状はあなたひとりの名前で出し、協力者の推薦状を同封する。舞踏会は、晩餐会とは違って女主人ひとりの名前で送る。「ダンス」であろうと「ボール」であろうと、前章で紹介した「家庭招待会（アト・ホーム）」の招待カード下部に「ダンシング」と書き添えるだけでよい。

社交界に顔がきく友人に招待リストを一任する手法は、まだ地位が不安定な女性にとってはありがたいものだが、その友人は、自分の属する仲間集団のメンバーでリストを固め、あなたの昔なじみの、地位の高くない友人たちをごっそり削除してしまうかもしれない。あなたの舞踏会のはずなのに、中身がまるごと乗っ取られてしまったのでは意味がないし、その先の展開につなげていくのも難しい。とはいえ、覚悟を決めて上を目指すなら、ひとつの選択ではあるのだろう。

たとえば、ヴィクトリア時代の英国でもっとも有名な風刺漫画誌『パンチ』の主席イラストレーターであり、親族の遺産により上層中流階級の暮らしを送っていたリンリー・サンボーン夫妻には、親しく付き合う会社経営者の友人がいた。この、裕福なワトニー氏が貴族の娘と結婚することになり、サンボーンの妻マリオンは、社交界における相手のステージが一段上がってしまうため、付き合いを切られるだろう、と覚悟した。事実、結婚式には招かれなかった。しかし、あとから埋め合わせとして自宅への招待があり、交友は続くことになった。ワトニー氏の妻である伯爵令嬢レディ・マーガレットは、サンボーン夫妻の娘モードにやさしく接し、彼女の社交界デビューにあたり、貴族としての社交界の知識を惜しみなく与えて手助けした。モードは可愛らしく話術も巧みであったらしい。結局は、本人の人柄と魅力とコミュニケーション能力に尽きるということかもしれない。彼女は周囲の手助けもあって裕福な男性と結ばれ、その娘のアンは二度目の

モード・サンボーン（1875～1960）。20歳のときの写真。父のリンリーと同じく絵を描いていくつかの雑誌に発表した。裕福な株式仲買人レナード・メッセルと結婚。娘のアン（1902～92）はのちにロス伯爵夫人、孫のアントニー（1930～）はマーガレット王女と結婚してスノードン伯爵になっている。

結婚で伯爵夫人になったという。

さて、娘の将来を願うあなたは、どうにか招待リストを完成させ、マナーにしたがい三週間くらい前までに招待カードを送る。いよいよ具体的な準備をすすめていくころだ。

舞踏会場の準備

『あらゆる規模のパーティーのひらき方』（一八八〇）によれば、数百人の盛大な「ボール」をひらくには三〇〇〜五〇〇ポンドかかるという。一九世紀、事務職や学校校長、商店主や下級の聖職者など、つつましい下層中流階級の年収が一五〇〜三〇〇ポンドくらいであった。さらに上を見ればきりがなく、ロンドンで最上流の貴族の舞踏会では、ひと晩の舞踏会に飾る生花だけで一〇〇〇〜二〇〇〇ポンドもかかっているという噂があったくらいだ。理想的な「ボール」をひらこうとすれば、たった一度で年収全額が吹っ飛んでしまうことになる。しかし、あなたが娘のためにひらく会を「ボール」と呼ばせたいなら、どうしても手間と出費は覚悟しなければならない。

巨大な邸宅にはダンス専用の「舞踏室（ボール・ルーム）」と呼ばれる部屋が常設されている場合もある。しかし、歴史のある「田園の大邸宅（カントリー・ハウス）」でも、ダンス専用の部屋は設けていないことのほうが多い。大きな屋敷なら、エントランスを入ってすぐのホールやサルーン、音楽室（ミュージック・ルーム）、長広間（ロング・ギャラリー）などを舞踏の場として利用した。そうでなければ、たいていの場合は応接間（ドローイング・ルーム）の家具を動かして対処するこ

〈歴戦の古つわもの〉母が娘に「真っ青じゃないの。唇を噛んで、ほっぺたをこするのよ」とアドバイス。メイクアップは禁物だった時代の唇や頬を赤く見せる作戦。『パンチ』1854年。

磨き上げた木の床がドレスとシャンデリアを映す舞踏室。『イングリッシュ・イラストレイテド・マガジン』1883年。

とになる。そもそも土地の狭いロンドンのタウン・ハウスでは、そうそうぜいたくな空間の使い方は望めない。

ハウスメイドに命じて、板張りの床を鏡のように磨き上げさせるのが理想だが、普段のカーペットをはずして、踊りやすい専用の布を敷くこともあった。椅子は壁に背をつけてぐるりと並べ、中央にダンスのスペースを作った。

飲食は別室で

ダンスをする部屋には飲食物は持ち込まず「喫茶室（ティー・ルーム）」はかならず別に用意する。これには、図書室や朝食室を転用した。サービス用の長いテーブルに、紅茶やコーヒー、クラレット・カップ、シェリー酒、レモネードやオレンジ・ジュース、そしてパウンド・ケーキやマデイラ・ケーキ、ビスケットなどの菓子を並べ、奥に立つ給仕役の使用人から手渡させる。来客でごった返し、換気もよくない舞踏室では、さわやかな冷たい飲み物や氷菓

5. アントルメ［甘味］
フルーツのさいの目切り
サクランボのゼリー
アーモンドのゼリー
イタリア風クリーム
コーヒーのババロア
ピュイダムール
［ジャムやクリームを詰めたパイ］
ナポリ風ケーキ
［ジャムを挟んだケーキ］
ゼリーで固めたフルーツ
小さな型で焼いたスフレ、パリ風
焼き菓子の盛り合わせ

『あらゆる規模のパーティーのひらき方』（1880）

1884年の料理本の挿絵。装飾的に盛った鶏（二段目左）や鮭（二段目右）、豚の首（左下）や猟鳥（右下）の姿を残した調理法など、パーティーの場で目をひくことをねらった派手な料理。

chapter 4

子が好まれる。『あらゆる規模のパーティーのひらき方』では、クリーム系のアイスと、果汁やワインで味をつけて凍らせた「ウォーター・アイス」の二種類を、招待人数の半数程度にいきわたるよう用意することをすすめている。たしかに、当時の社交界にお披露目されたばかりの令嬢（デビュタント）の回想録では、若い女性の舞踏会の楽しみといえばまずアイスであったらしいことがうかがわれる。

夜の一二時をまわったら、喫茶室は終了して「夕食（サパー）」に移行する。小さな丸テーブルをたくさん並べるか、長い大きなテーブルを用意するかして、自由に着席させる方式と、椅子は最小限にして空間を有効利用する立食式が考えられたが、料理の内容や、給仕に携わる使用人の数、テーブルセッティングの面からいっても、着席式のほうがより多くの予算がかかった。つまり、もし舞踏会を通して裕福さをアピールしたいなら、正餐会に遜色（そんしょく）ないほどの夕食の場を用意すべき、ということになる。しかし狭いロンドンではと

客を招いたサパーの提案。『ビートン夫人の家政の書』1880年代。

舞踏会の夕食、11月・12月・1月

1. スープ
   コンソメ、デユシュリニャック
   ［野菜と固めた卵のさいの目切りを入れた透明なスープ］
2. 温かいアントレ
   切り分けた猟鳥獣肉［ジビエ］
3. 大皿料理
   ハムのゼリー添え
   タンの装飾的盛り付け
   猟鳥獣肉のパテ、トリュフ添え
   七面鳥
4. 冷たいアントレ
   ヒバリ　胸肉の壺詰め
   鶏肉とマヨネーズ
   オマール海老のサラダ
   カツレツ、王女風
   フォアグラの細切り
   猟鳥獣肉のガランティーヌ
   ［詰め物をして煮た料理］
   ハムの切り分けゼリー添え
   タンの切り分けゼリー添え

くに、一〇〇人以上の客を一度に座らせて食事を出すのは無理がある。

　すると、客全員の半分~三分の一程度の席数を確保して、優先したい高位の客から順番に誘導して、空いた席から順次片づけて次の人を案内する、という方法をとることになった。『あらゆる規模のパーティーのひらき方』には、いっそ夕食室を家の外に作ってしまうというアイディアも紹介されている。初夏の社交期の間だけ、テントや仮設小屋をレンタルして庭に立てるのだ。当然ながら、まずそのスペースが確保できればの話になる。つまり、「ロンドン社交期」は、娘のお披露目のために、盛大なパーティーの会場としてふさわしい家を借りるところから始まるのだ。

　ほかには、クロークルームも必要である。到着した客をまず誘導し、男性の帽子やコート類を預かる倉庫としてのクロークルームはかならず必要だが、それ以上の機能を持つ部屋も用意したほうがよい。かならず男女別にひと部屋ずつ設け、

鏡やピンなどの小道具類を置いて、服や髪型を整えるためのスペースとして使ってもらう。どのエチケット・ブックをひらいても、たいてい女性用クロークルームには「ドレスが破れた場合にそなえて、女性使用人をひとりかふたり待機させておくべきです」というアドバイスが載っている。つまり、ちょっとステップを誤ってドレスの裾を踏んでしまう……というような事故は、開催側に備えが当然であるとみなされるほどよくあることだったのだろう。

　普段は最低限の使用人で切り回している家でも、正式な舞踏会をひらくなら、数名のウェイターを臨時で雇う必要がある。舞踏室の入り口で客の敬称と名前を朗々（ろうろう）と宣言する係も省くことはできない。当時の価値観において、この重要な儀式をメイドにやらせるわけにはいかなかったようだ。一八八〇年代、給仕のみを担当するふつうのウェイターは一日一二シリングから雇えたが、「来客のアナウンス」を任せられるようなウェイター――つまり見た目と声が良いということだろ

クロークルームで、新人の少年使用人ページ・ボーイが紳士の「クラッシュ・ハット」（持ち運びに便利なよう小さくたためる帽子。オペラ・ハット）をすばやくつぶす。……これはそういう仕組みではなく最高のシルクの帽子だったのだが。ジョン・プリーストマン・アトキンソン作。『パンチ』1891年4月25日。

〈イブニング・パーティーでの悲惨な出来事〉最初のダンスにして早くも部分かつらが落ちてしまった。『パンチ』1851年。

う――を確保するには、その技能に対して一ギニー［二一シリング］の出費を覚悟せねばならなかった。さて次は、いよいよ舞踏会の当日である。

舞踏会当日の流れ

女主人のあなたは、今夜の主役である愛娘（まなむすめ）をともない、階段の上か、舞踏室の入り口に立って待つ。前述のクロークルームを経由した客たちは、まず喫茶室に案内され、それから女主人のもとへやってきて握手を求めるというのが作法だ。二〇〇人の招待客が一度に握手しにきたら階段がパンクしてしまいそうな気もするが、料理を出し始める時間が決まっている晩餐会と違い、舞踏会は基本的に出入り自由で、客の到着は前後する。招待状に記される時間は、一九世紀末のロンドンなら夜の九時三〇分ごろだが、多くの人が実際に到着するのは一〇時三〇分以降で、朝の四時ごろまで続くというのが一般的だった。

ひょっとして、ロイヤル・ファミリーが来てくれることになっていた場合は、彼か彼女か、プリンスかプリンセスか、あるいはその血につらなる外国の大公か、ともかくそのやんごとなきお方が到着するまで、ダンスを始めることはできない。もっとも高位のゲストが女性ならその家の主人と、男性であれば、女主人のあなたか、または客全員にお披露目したいあなたの娘とペアになり、最初のダンスを踊ることになる。その曲は伝統的に、「カドリル」と呼ばれる種類の、集団で踊るスクウェア・ダンスだった。

一九世紀末に人気のあったダンス曲のジャンルは、以下のようなものである。

カドリル
ランサーズ
ワルツ
ハイランド・スコティッシュ

燕尾服の男性とイブニング・ドレス姿の女性がワルツを踊る。『今日のロンドン』1893年。

最後のダンスとして定番の「コティヨン」。複数組のペアが参加して、三拍子のワルツ曲に合わせ、輪になったり近づいたり離れたり、パートナーを変えたりしながら踊る。『ロンドン暮らし』1902年頃。

ハイランド・リール
ポルカ
コティヨン

開幕の曲はカドリル、締めの曲はコティヨンというのはおおむね決まっていたが、それ以外にはこれらの種類の曲を織り交ぜて流した。録音再生機器の普及していない時代のこと、当然ながら生バンドが演奏する。バンドの規模は会の大きさによって異なり、小さな会ならピアノ・バンド、大舞踏会ならオーケストラ、ふつうよりちょっと豪華な会なら室内弦楽五重奏がちょうどよかった。楽団はなるべく目立たないところに配置する。

『子どもは、姿は見えても声を聞かれてはならない』[姿を見せてもよいが静かにさせるようしつけなければならない]、という決まり文句がありますが、舞踏曲の楽団の場合は可能ならその逆にすべきです。音は聞こえてもいいけれど、姿は見られるべきではなく、見えても邪魔にならないようにしなければなりません。もっとも良いのは、舞踏室の窓の外の木の小屋に楽団を配置するというもので、窓は取り外し、緑の葉っぱやシダ類や花などをあしらって、可能な限り演奏者の姿は隠します。けれど、この方法が可能な場合は多くありません。

レディ・コリン・キャンベル編『上流社交界のエチケット』（一八九三）

それが不可能な場合は、『上流社交界のマナーとルール』（一八九〇）によると、舞踏室の奥の端か、出入り口の扉から一番遠い壁際に配置し、それも無理なら、隣の部屋に入れるようすすめている。このような工夫によって、姿は目立たないが音はよく聞こえる、という状況を作りだした。

セレブリティの到着

さて、社交期たけなわのロンドンで舞踏会をひらこうとすると、ほかの人の催

舞踏会を恨めし気に見つめる伴奏者の女性。『ロンドン社交界』1865年。

車寄せに馬車で乗り付け、外套姿で降り立つパーティーの客たち。『グラフィック』1897年。

女性客が主催者の女主人と握手で挨拶。（なお、1890年代に、高い位置で握手するのがなぜか流行していた）『パンチ』1890年2月8日。

す会と日程がぶつかってしまうことも珍しくない。娘のために八方手を尽くして招待にこぎつけた社交界の有名人が、いつ来てくれて、どれくらいいてくれるのか、あなたは気をもみながら待ちかまえることになる。

ある舞踏会をひらくことに決めたちょうどその夜に、格上の家で上流の舞踏会がひらかれるとすると、盛大なほうの会が小さな会をかき消してしまう、ということもあります。もっとも上流の人びとは、先の家はちょっとのぞくだけで、そのあと別の会で夜通しすごします。このように小規模な会が吹き消されてしまうということは、ロンドン社交期に舞踏会を開催する人びとが同じグループに入っている以上は、非常によくあることです。小さな会に華を添えてくれることを願って呼ばれたお客は、たいてい、ほんの少しのあいだしか姿を見せません。それも礼儀を欠くほど早すぎる時間帯の十一時前くらいに来て、三〇分も部屋にとどまることはなく、別の、同じレベルの舞踏会に去っていくのです。そこでもまた、おそらくは二〇分程度しかいないで、次の会へ。そこがゴール、いうなれば、その夜の舞踏会が始まるのです。女性も男性もこの習慣にしたがって動くので、夜の一二時をまわるころには、並み程度のレベルの舞踏会を主催した女性は、自分の舞踏室がうち捨てられ、ほかに行くところがないような人しか残っていないというありさまを見ることになるのです。

『上流社交界のマナーとルール』(一八九〇)

人気のある社交界の有名人が舞踏会をはしごすることや、その結果、たいして親しくもない相手として軽く扱われることは、それでも来てもらう価値を認めてしまっている以上は、避けられなかった。

上流階級で流行りの「小さくて早じまいの会(スモール・アンド・アーリー)」をひらいてみた夫婦。夫「ほんとうに小さくて早い会になったな! 1時半を過ぎたが、人があふれているよ」妻「ほんとうに、刻一刻と(部屋が)小さくて(朝が)早い時間になっていくわ!」(形だけ上流をまねている)『パンチ』1886年7月31日。

『上流社交界のマナーとルール』は、多大な労力を注ぎ込んで準備した会が、ほかとぶつかって大失敗に終わるよりは、延期にしたほうがよいとか、即席でおこなわれるダンスの会はだいたい成功するが、根回しの足りない舞踏会は間違いなく失敗する、などと脅しをかける。

前章で扱った正餐会は、社交界における互いの地位を絶え間なく計り合い、再確認し続けることを求められる催しだったが、舞踏会もまた、「互いの格付けのチェック」という行為からは逃れられないものだったらしい。

舞踏会は出会いの場

出会った相手をすばやく値踏みし、性的な魅力と収入や地位や将来性を天秤にかけ、可能なら自分も恋をし、ふんわりと純朴そうに見せながら、軽やかで露出は多く、動きやすい、コケティッシュなドレスでアピールし（第2章参照）、ときには思わせぶりな言動で誘惑する――

本章冒頭の『ウィンダミア卿夫人の扇』に関してふれたとおり、舞踏会とは、あなたやあなたの娘にとって、社交界で男性を手に入れるための「狩り場」である。また、当時、良家の若い未婚女性であれば、舞踏会には母親や親戚の年配女性、でなければ父親か兄弟などの「目付け役」がかならず付き添っていた。

目付け役は自分の庇護対象である若い女性を監視し、導くため、舞踏室では壁沿いの椅子に座って、パートナーやライバルの少女たちにも目を光らせていた。

男性は、目付け役の許可を得て彼女を連れ出し、ダンスし、一曲踊り終えたら、喫茶室へ行くかどうか尋ねる。彼女が希望したらエスコートしていき、アイスか

他人の目を避けてリラックスできそうな階段も、人でいっぱい。『グラフィック』1876年。

chapter 4

男性が女性をエスコートして、夕食へぞろぞろ移動する。「ねえ君、僕のおばさんを連れてきてもらえませんか。上半身は赤で下は緑と青と黄色、髪にオレンジ色の極楽鳥の羽根を立ててる女性なんで、絶対わかりますよ。僕に頼まれたって言ってもらえます?」（つつしんでお断り）『パンチ』1890年2月22日。

お茶か、望みのものを差し出す。次の曲が聞こえてきたら、彼は目付け役のもとへ彼女を戻す。この手順の繰り返しである。まるで窓口で何かの道具を借り出し、一回ごとに使い終わったら、油をさして元の場所へ返却する、といったような手続きに思えてくる。

　男性たちには、夕食のとき事前に意中の女性に申し出ておき、彼女をエスコートして夕食室に向かうという責務もあった。腕を組んで夕食室に向かい、食事をしながらゆっくり歓談できるのだから、むしろ舞踏会の夕食はダンスよりも濃密な駆け引きの時間になったかもしれない。

　もし紳士が淑女を夕食室に連れて行ったら、当然、帰りも彼女を舞踏室まで送り届けなければなりません。夕食室で彼女が友人と合流したからといって、先の彼がこの義務から解放されるわけではないのです。女性にも同じエチケットが適用されます。一緒に舞踏室に帰ってきてもよいのは、夕食室へエスコートされたときと同じ紳士だけです。例外は、次のダンスのパートナーが決まっている場合。もしその人が夕食室まで探しにきたら、その人と一緒に舞踏室に戻ります。

『上流社交界のマナーとルール』（一八九〇）

　ある男性と夕食室に向かい、別の男性と戻ってきてはいけない。簡単に相手を変える軽々しい女とみなされてしまうせいかもしれないし、あるいは、他人の目が離れたすきに、当時の若い女性としての財産が傷つけられた可能性を疑われたのかもしれない――ヴィクトリア時代の身分ある女性なら、結婚するまで純潔を保つのが当然であった。女性はつねに誰かに守られているべきで、監視の目を逃れることがあってはならない。娘であるあいだは両親や後見人の、結婚したあとは夫の、管理下から出てはならず、彼らの指図にいつでも従順にしたがうべきだ。女性に提示されるエチケットには、ささいな決まりごとにも、そのような時代の価値観がにじみ出ている。

〈パートナーが行方不明〉ダンスの予約があったのに、もっと気になる相手がいたので温室でいちゃいちゃ。『イラストレイテド・ロンドンニュース』1871年。

「壁の花」の心理

籠の鳥の状態に甘んじていたのも、それしか道がないと思わされていたからだ。示される道がひとつだけなら、それにしがみつくしかない。一九世紀、初めて舞踏会に参加する「デビュタント」の立場にあった女性たちの回想録には、「壁の花」――誰からもダンスに誘われず、ほかの人びとが踊るようすをうらやましく眺めるだけの状態――におちいることを、極度におそれる心理が描かれている。美しくない、財産がない、口下手、目付け役も内気で力不足など、「夫ハント」に不利な点をかかえた女性が、男性から誘われることがなく恥じ入るような気持ちになっても、舞踏会の「壁の花」には自分から打って出るような手だてはほとんどなかった。

ユーモラスな文体のマナー本を連発し、人気を博したジャーナリストのハンフリー夫人は、「壁の花」の恐怖よりも男女の人数の不均衡に注目し、以下のように述べている。

男女の数がそもそも釣り合っていない

ということは、なんたる悲劇でしょうか！　ダンスがしたくてたまらない女の子たち、ワルツを聴けば足がうずうずし、リズムを感じてつい身体が動いてしまう

ような娘たちも、一曲、また一曲と音楽が終わっていくのを、あらんかぎりの忍耐をふりしぼって、ただ座ってがまんしなければならないのです。女の子どうし

〈ひなびた郊外の年代記〉相手がいない「壁の花」たち。家の令嬢が、自分ではなく彼女たちを引き合わせたくて「カードは満杯ですの？」と聞いたのに、「ええ、空いてますよ。どの曲を（あなたと）踊ってあげましょう？」と勘違い。『パンチ』1890年2月15日。

〈丁重な反撃〉壁の花のマチルダ「気づいてないでしょうけど、ここで座って見てると、踊ってる人はすごくバカっぽいわよ」モード「そうでもないと思うけど、そっちから見たことないから」『パンチ』1873年3月15日。

「ダンスのできる若い男性」をひとりふたり連れてきてと頼まれたので。「これはほんの手始め。あとからもっと来るわよ」『パンチ』1880年7月17日。

で踊るのは許されません。なぜなら、つねに、そして非常に不公平ではありますが、相手をダンスに誘うことができるのは、そこにいる紳士だけだからです。

ハンフリー夫人『女性のマナー』（一八九七）

彼女のいうとおり、舞踏会の会場で男性の数が慢性的に不足がちだったというのは、どうやらほんとうらしい。そもそも人口全体に目を向けても、女性の数が男性を大きく上回っていた。独身男性が妻を養えるだけの収入を得られるまで結婚を遅らせがちだったことや、単身海外移民の影響から、上・中流階級で「余った女性」が「結婚できず、階級意識が邪魔して賃金を得る仕事にもつけず、生活に困ってしまう」という状況は、この時代の社会問題となっていた。

舞踏会に話を戻そう。『上流社交界のマナーとルール』（一八九〇）には、誰かのひらく舞踏会に招かれているあなたが、一緒に連れて行きたい誰かのために、追加の招待状が欲しい場合の対処法が掲載されている。それが親戚の娘や友人の若い女性である場合、依頼するあなたの側が社交界では格上で、お洒落な舞踏会をひらく人なら、お願いの手紙を出せば、相手にも次回のメリットがあるので快く了解してくれるはずだ。だが逆に、こちらが見劣りする立場であれば、断られてしまうことのほうが多いという。上流の限られたメンバーだけで会を固めたい相手は「招待リストがいっぱいで」「もう何人も断ったのです」などと、見え透いた言い訳を添えて、断りの手紙を送ってくるだろう。

ところが、男友達をひとりふたり連れて行きたい、と問い合わせたら、話はまったく違ってくる。「男性の客はいつでも大事な戦力なので」、たいてい快い返事がもらえるという。男性の追加は歓迎、ライバルになる女性はできれば増やしたくない。ママと娘たちの戦いはなかなかたいへんだった。

chapter 4

舞踏会の紳士たち——男もつらい？

男性向けに書かれたエチケット・ブックの舞踏会の項を見ると、どの本にもたいてい「男性の出席者は、主催者夫人の娘とはかならず一度は踊ること」「最近もてなしを受けた家の娘とも踊ること」などと書いてある。舞踏会に参加する男性にとって、付き合いのある家の若い娘と踊ることは「義務」であり、歓待と引き立てに対する「感謝のしるし」だったようだ。しかし、かつては当然のマナーであったはずの「義務」が、ヴィクトリ

夕食室に直行して動かず、漏れ聞こえてくるワルツを楽しむ男性たち。「こっちのほうが音楽はよく聞こえるよね。あ、冷たいカツレツを頼むよ。あとサラダもね、ありがとう」『パンチ』1892年3月12日。

跡取り息子「ぼくらのうち何人が行くの？　女の子を数に入れれば6人だけど、数えない人もいるよね——だったらぼくひとり！」財産相続、教育、職業、政治など、ほとんどの場面で男性が優先、あるいは独占状態だった。当時の考え方を、幼い少年も身につけている。『パンチ』1853年。

ドールハウスで舞踏会。「かわいそうよね、せっかく応接間を空けて舞踏会のしたくをしたのに、パートナーがぜんぜん来ないの」ドールハウスは、将来の家庭生活における「女性のつとめ」を学ぶ遊び道具でもあったが、そこは反映しなくても。『パンチ』1872年2月24日。

ア時代末期になると、判で押したように「怠る男性が増えている」という苦言とセットで語られるようになる。前述のハンフリー夫人も、「舞踏室でのエチケットを修得するのは難しいことではありません。しかし、社交界に入っていく若い男性たちの数多くが、目に余る過ちを犯しています」と断罪する。「一番可愛い女の子が自分の目の前でお披露目されない限り、踊ろうとしないのです」（『男性のマナー』一八九七）。

そもそも、中流階級の男性のなかには、ダンスそのものを嫌う男性が多かったのではないか、とエチケットに関する研究書『礼儀作法と地位』（一九八七）のマイケル・カーティンは述べている。「社交界において、ダンスは一般的にいって女性的な技術であり、中流階級の集団においてはよりその傾向が強かった」という。

上流や中流の女性たちは、「レディのたしなみ」のひとつとして少女時代からダンスを習う。貴族や上流階級の男性なら、レディたちと同様、生まれつき当然のように社交界に属し、成長過程のどこかでダンスも習得してきたかもしれない。しかし中流階級の男性は、仕事で成功して「紳士になった」のだとすれば、教育背景が違う可能性がある。このような男性は、「女の世界」の必修科目であるダンスを大人になってから学ぶことには積極的になれなかったようだ。

ヴィクトリア時代の舞踏会とは、女性が主催し、女性が主役で、女性の美しさと立居ふるまいを披露することが目的の空間である。参政権もなく、財産の保有も制限され、社会的な権利が男性よりも大幅に抑えられていた彼女たちは、結婚によって自分の人生が大きく左右されてしまうことをよく理解していた。女性は舞踏会という「狩り場」で、ただひたすらに自分の魅力を輝かせることによって、夫候補の目に留まり、選びだされることを願っていた。

女性たちにとって舞踏室が「狩り場」なら、夫候補として有能な若い男性たちは、稀少な「獲物」として見られること

〈女性高等教育の恐ろしい結果！〉もし、女性に大学の門戸を開き、教育機会を広げれば、若者より知的な老紳士を好むようになり、舞踏会という「お見合い」システムが破綻する……という男性社会の危惧。『パンチ』1874年1月24日。

になる。女好きの放蕩者や、ダンスそのものを愛する人、上昇志向の強い男性ならそのような熱い視線を集めることも喜んだことだろう。しかし、マナーにもダンスにも自信がなく、なるべく最低限の「義務」だけで切り抜けたい中流出身の男性や、四方八方から娘を売り込まればかりの貴族の男性は、この空間に嫌気がさして逃げ出したくなっていたかもしれない。

華やかな舞踏会、上品な態度の陰には、需要と供給の見合わない願望が渦巻いていたらしい。エチケットとはいったい何のためにあったのか、コミュニケーションをなめらかにするものではないのかと、そこはかとなく空しい気持ちもわいてくる。このような疑問は広がったとみえ、一九世紀の後半にさしかかると、別の生き方を求める女性も増えていった。

一九世紀が終わり、女王陛下が世を去ると、喪服が国中を席巻し、やがてエチケットの世界にも変化が訪れることになる。

column

外出時のエチケット：女性編

目付け役（シャペロン）と令嬢

ヴィクトリア時代の未婚の若い女性は、外出するとき、目付け役（シャペロン）と呼ばれる付き添いをともなうことが必要だった。社交界における評判が危険にさらされることがないよう保護し、当人が誘惑に負けて道を踏み外さないよう監視する存在である。

一八七九年の『上流社交界のマナーと慣習』には「若い女性のなかには、伝統にさからってひとりで出歩きたがる人もいますが、それは良い趣味とは到底言えません」とあるが、その記述は一八八〇年代以降の版では削除されている。そして一八九〇年版には「目付け役とデビューしたての令嬢（デビュタント）」の項が独立している。それによると、「若い女性は人通りの多い公園や遊歩道では『親戚、友人、または家庭教師の付き添い』が必要」だが「郊外の住宅街や海辺などにおいて、自宅からごく近い友人の家を訪ねたり、レッスンを受けたり、買い物のために」ひとりで出かけるのはかまわない。また、たとえば「ガーデン・パーティー、ローン・テニス・パーティー、アーチェリー・パーティーなど」の戸外の催しには付き添いなしで行けるとしている。世紀末に近づくにつれて、活動的な社交の催しが増えていき、そうした新しい屋外の娯楽には目付け役は必須ではなかったらしいことがうかがえる。

目付け役がいるということは良家（りょうけ）の令嬢（れいじょう）の証（あかし）であり、おそらくは実際のボディガードとしての働き以上に、対象の女性がそのように「保護・監視」されている淑女（しゅくじょ）の身分であることを周囲に示す効果があったのだろう。親戚に頼むにせよ家庭教師やメイドをつけるにせよ、どこにでもうひとり、保護者がついていく状態には、そのぶん余計な費用がかかる。貴族や富豪の令嬢にはその余裕があったが、節約したい中流階級では、シャペロンの制度は徐々に放棄されるようになった。やがては同年代の未婚の女友達との外出や、幼い弟や妹を連

アメリカの作法書による紳士のための乗馬と馬車のエチケット。たとえ挑発されても技術を競うのはいけない（左上）。乗馬道ではレディの安全に気を配ること（右上）。馬車に乗るときは男性が外にとどまり手を貸して女性を先に乗せるのが正解（左下）。自分が先に乗って引っ張り上げるのはマナー違反（右下）。『ギャスケル教授の儀礼の概要』1882年。

れているだけでもよしとされるようになっていく。こうなるともはや「ひとりではない」というためだけの単なるお飾りにすぎないような気がしてくる。

馬車での外出

馬車に乗るときは、女性は男性の手を借りて先に乗り込む。乗り込んだら、女性や目上の人が進行方向に顔が向く席に座り、男性や目下のお付きはその反対の席に座る。降りるときは目下の人が先に出て手を貸す。場合によっては歩道へ降りやすい席に女性を座らせる。現代のビジネスマナーにおけるタクシーなどのエチケットと基本はさほど変わらない。違いといえば「男性は、女性のドレスの裾を泥のついた車輪から守ること」（『男性のマナー』一八九七）というところだ。

当時のスカートは地面につくほど長く、馬車の車輪は大きく、そして、生きていて気まぐれに落とし物をする馬が動力であった、という日常を想像させる記述である。

厳格な表情で知られるヴィクトリア女王の珍しい笑顔の写真。やはりドレスは喪服のまま。娘のベアトリス（うしろ）、孫娘のヴィクトリア（右）とその娘アリスとともに。1886年。

第5章

喪服のエチケット

ヴィクトリア女王と「喪の文化」

もうひとつ言っておきます。あなたたちは断じて色のついた服で結婚式に出席してはいけません。グレーとシルバーか、ライラックとシルバーか、グレーか、ライラックとゴールドの組み合わせがよく、いずれにしても、ただゴールドと白だけを組み合わせるのはいけません［グレー、ライラックは半喪服に使われる色］。あなたたち娘が、イングランドで、喪が明けて公に出る最初の機会になりますから、来年［一八六三年］色物を着るのはおやめなさい。わたしはそのようにすべきだと思いますよ。

——ヴィクトリア女王から娘への手紙（一八六二）

結婚式のとき、白いウェディング・ドレスを着る習慣は、一九世紀に始まり、ヴィクトリア女王のドレスがきっかけと

晩年のヴィクトリア女王。寡婦の帽子をかぶり、黒のレースを
あしらった喪服、少しの白とパールのアクセサリー。

なって世界中に広まったといわれている。では、死者を悼んで黒を着る習慣のほうはどうだったのか？――実のところ、黒い喪服は、白いウェディング・ドレスよりもずっと歴史の長いものだった。服装史家のフィリス・カニントンによると、少なくとも一四世紀には、高貴な人の葬式に参席した人びとが黒い服を着ていた記録があるという。

とはいえ、「お祝いの白」のみならず、「悲しみの黒」のほうにも、やはり女王の影響ははたらいている。ヴィクトリアはもともと、家族や親戚を亡くしたときには、黒い服を着て、故人をしのぶアクセサリー（モーニング・ジュエリーと呼ぶ）を身につけていたが、一八六一年に最愛の夫アルバートを病で亡くしてからは、その後の四〇年間を、程度の差はあれ、ずっと喪服に身をつつんですごした。冒頭の引用に見えるとおり、彼女は家族や周囲の人間に対しても、自分の愛した夫をしのび、敬意を抱き続けることを求め、その表明として喪服を着用するよう命じた。追悼のため、イニシャルや肖像の入ったアクセサリーを宝飾店に作らせて、何かにつけて人に贈るということも習慣としていた。女王と王宮の意向に、国民も熱心にならい、とりわけ一八七〇年代から八〇年代、「喪の文化」は最高潮に達した。

しかし、国民のお手本たる女王がいつまでも黒ずくめのままで、公的な生活を「自粛」する空気が漂っていては、各方面の産業界も停滞してしまう。ファッション業界や世間の要望のかいあってか、女王は一八八七年の即位五〇周年記念式典（ゴールデン・ジュビリー）を機に、もっとも深い正式な喪服（ディープ・モーニングと呼ぶ）から、多少の白い装飾や、輝くアクセサリーを加えた「半喪服」へと移行したという。

ヴィクトリア女王の寡婦の装い。おそらく夫のアルバートを亡くして間もない時期の描写。『ガールズ・オウン・ペーパー』1887年。

寡婦と娘を描いた感傷的なイメージ。『ガールズ・オウン・ペーパー』1880年9月4日。

喪の期間と寡婦の衣装

男性も女性も、老いも若きも、誰かを亡くしたら黒を身につけることを求められる点では平等といえたが、喪服の種類や、それを着るべき期間の長さは、故人との関係によって変化した。たとえば『上流社交界のマナーと慣習』（一八七九）を例にあげると、夫を亡くした女性は二年、子どもを亡くした親と親を亡くした子どもは、その人ごとの感情によって異なるが六か月から一八か月、祖父母は九か月、兄弟姉妹は六か月、おじ・おばと甥・姪の関係では三か月、いとこは六週間、またいとこや遠縁の関係では三週間となっている。なお、既婚の女性は、夫の親族に対しても、自分の家族と完全に同じだけの長さの喪に服すことを求められた。

これらの期間の、最初の三分の一程度は、一切の社交を辞退する自粛期間をつくらねばならなかった。また、このエチケット・ブックは、ほぼ毎年、タイトルを変えながら、世相にあわせて改訂を重ねていったが、あとの版になると、この期間も微妙に変更が加えられていく。時代がすすむにつれて、長すぎる追悼期間は短縮される傾向にあり、段階に沿ってさまざまな種類の喪服を使い分ける習慣がすたれていったことが読み取れる。

しかし、いつの時期であろうと、もっとも長いあいだ喪服ですごすことを求められたのは、夫を亡くした寡婦（かふ）だった。長くなる分にはマナー違反とは言われなかったようで、女王ほどではないにせよ、その人の感情によって好きなだけその期間を長引かせることもできた。

夫を亡くした女性が初めの段階で身につける衣装のセットは「寡婦の喪服（ウィドウズ・ウィーズ）」と呼ばれた。当時の常識のなかで生きる人なら、誰もがあの女性は寡婦だ、と見分けることができる特徴を備えた装いだ。シルエットや細部には流行の変化を取り入れてはいたものの、ウィーズのおおまかな構成は前の時代から変わらず、修道女を思わせる、前時代的な形状を保ち続けていた。

レディ・コリン・キャンベル編『上流社交界のエチケット』（一八九三）によると、寡婦専用の喪服は「クレープ地のドレス」「長い黒いシルクの外套」「クレープ地のボンネット、ベール、飾り気のないモスリンの襟」「ウィーパーズ（「泣く人」という意味）と呼ばれる長い袖口（カフス）」そして「寡婦の帽子（ウィドウズ・キャップ）」となる。クレープとは、つやの出ないちりめん地のことで、黒のクレープといえば喪服や喪章にほぼ用途は限られ、死者を追悼するイメージと強く結びついている。

『上流社交界のマナーとルール』によれば、この黒いクレープ地は、日にちが経

黒玉（ジェット）とおぼしきネックレスをつけた女性。喪服と合わせられるジュエリーとして流行し、普段着にも着用された。1870年ごろ。

「ジェイのロンドン総合喪服倉庫」の広告。一般的な喪服だけでなく、帽子、パラソル、手袋、ハンカチ、黒い外国製レースの豪華なイブニング・ドレスやティー・ガウンなどもそろえることができた。

過し、喪の段階がすすんで、日常に近づくにつれて使う面積が減っていったという。

寡婦の喪の期間は二年が標準です。このうち、一年九か月間にはクレープを身につけます。最初の一二か月間のドレスは完全にクレープで覆うべきです。次の九か月は装飾にクレープを使いますが、うち六か月間はたっぷりと、続く三か月は明らかに少なく使います。最後の三か月間はクレープ地を使わず、黒の服を着ましょう。二年が過ぎたら、その先に二か月の半喪服期間が定められていますが、この時期に半喪服を用意せず、前の段階のクレープなしの黒い服を着る人も多くなっています。

『上流社交界のマナーとルール』(一八九〇)

女性は、夫が亡くなったらその喪が明けるまで、別の男性と結婚することはモラル的に許されなかった。たとえ追悼期間をきっちり守ったとしても、喪が明けたその日に再婚したりすれば、「スキャ

FASHIONS FOR 1887.

On receipt of Letter or Telegram, Mourning Goods will be forwarded to any part of England on approbation, no matter the distance, with an EXCELLENT FITTING DRESSMAKER (if desired), without any extra charge whatever. Address—

PETER ROBINSON,
MOURNING WAREHOUSE, REGENT-ST.

BLACK MATERIALS
BY THE YARD
AND THE NEW MAKES OF
BLACK SILKS
ARE
MARVELLOUSLY CHEAP,
AND STRONGLY RECOMMENDED
FOR GOOD WEAR.
PATTERNS FREE.

MATERIAL COSTUMES,
SILK COSTUMES.
ENTIRELY NEW DESIGNS IN GREAT VARIETY,
AND VERY MODERATE IN PRICE.

PETER ROBINSON,
THE COURT AND GENERAL MOURNING
WAREHOUSE.
256 to 262, REGENT-STREET.

PETER ROBINSON { MOURNING WAREHOUSE,
REGENT-STREET, LONDON.

長い白いカフス「ウィーパーズ」、白い「ウィドウズ・キャップ」の「寡婦の喪服(ウィドウズ・ウィーズ)」。「ピーター・ロビンソン」の広告、1887年。

同じく「ピーター・ロビンソン」の広告。帽子とカフスがなくなり、多少のレースを袖と襟にあしらっている。1882年。

chapter 5

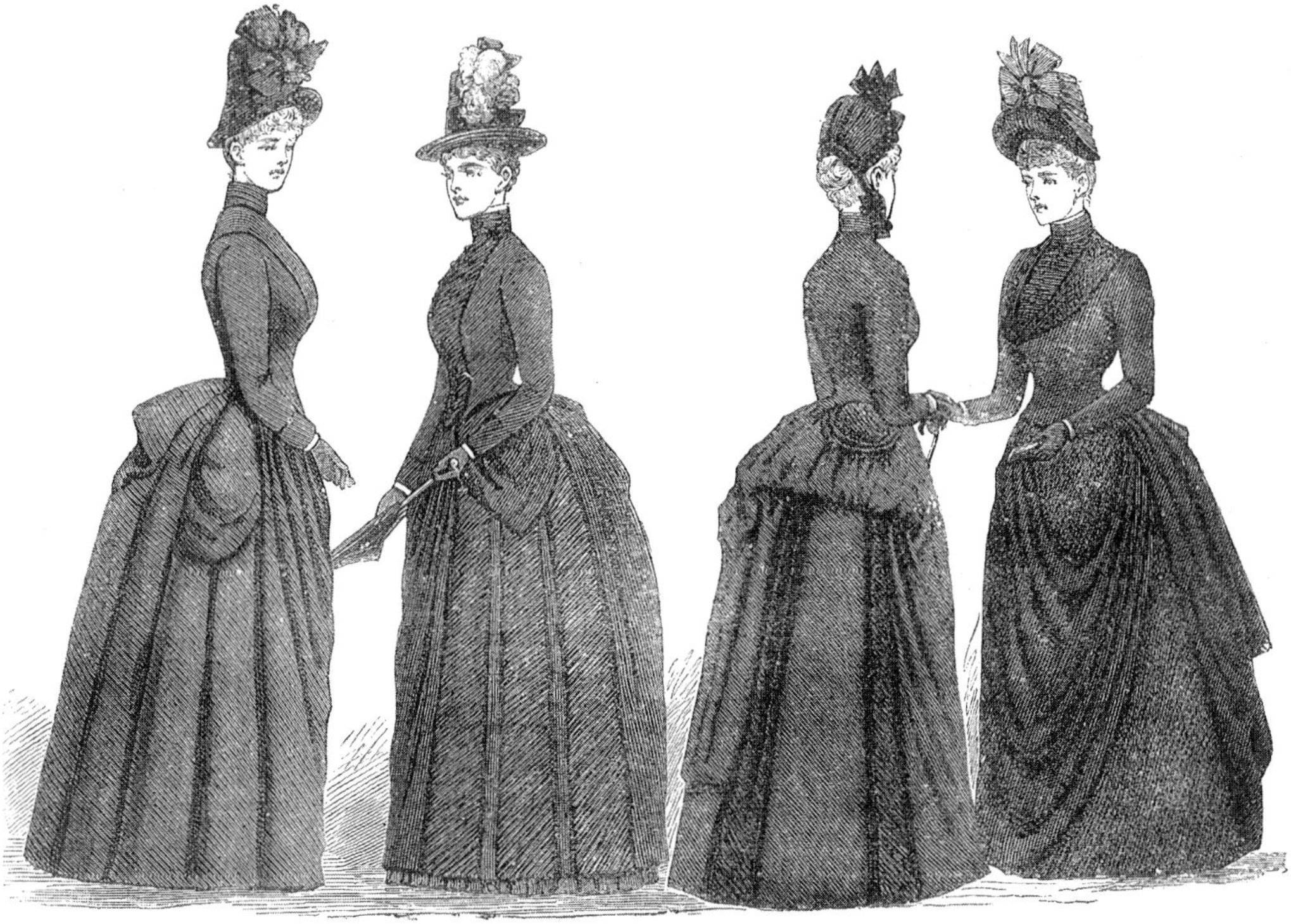

ヴィクトリア女王即位50周年の年に少女雑誌に掲載された「新しい喪服」。流行をほどよく取り入れたシルエット、黒ながら飾りのあるハットやボンネット。『ガールズ・オウン・ペーパー』1887年9月24日。

ンダル」の的になりかねない。

慣習上の喪の長さは、男女とも同じはずだったが、それでも男性は女性よりも「ずっと早く社交界に戻る」傾向にあり、そうするのは当然のように許されていた。すなわち妻を亡くした夫は、数週間の喪に服したら、好きな時に切り上げて再婚できたし、子どもがいればなおさら許容される空気もあった。

女性とは、妻とは、愛情深く、つつしみ深く、流行おくれの古風な服に身をつつんで、ただ夫のみに心をささげる存在である、という考え――または、そうであってほしいという世間の期待――すなわち、その時代の理想の女性像が、黒い服をめぐるエチケットに投影されていたといえるだろう。

喪服とファッション

黒！　黒！　黒！

サミュエル・オズモンド社、染物店

アイヴィー・レーン８番、

> ニューゲート・ストリート、ロンドン
> 喪服の黒に染める専門業者。毎週水曜に受け付け、お求めとあらば、わずか数日で仕上げます。色物か黒の波紋織（モワレ）の古いドレスを、新品同様によみがえらせます。［中略］ショール、ドレス、外套、あらゆる品を手入れし、色を保ちます。注記――生地店、帽子店の汚れた在庫品も黒く染めます。

右の広告は、有名な絵入り新聞『イラストレイテド・ロンドン・ニュース』に出されたものだ。手持ちの服や布地を「黒！」く染めるというビジネスを、これほど前面に押し出して宣伝するだけの効果があったということだ。一九世紀中盤から後半にかけて、黒い服の女王のもと、喪服産業は盛況をきわめていた。

当時の百貨店「ピーター・ロビンソン」と、喪服と葬儀用品専門店「ジェイのロンドン総合喪服倉庫」は、ロンドンの目抜き通りであるリージェント・ストリートに大きな店舗を構えていた。ちなみに、前者の喪服専門部署は「ブラック・ピーター・ロビンソン」の異名で知られていたという。この二社は、挿絵入り新聞・雑誌の紙面を大きく占めて、美しい寡婦を描いたイラスト広告をさかんに出していた。喪服に合わせるための、黒いパラソル、ハンカチ、黒玉のアクセサリーなど、幅広い装飾品も作られていた。

夫に先立たれた女性が黒い服を身につけるとき、彼女は、俗世間から身を引いて、すでにこの世にないひとりの男性だけを想いながら、日々を送っているものと認識される。彼女はいわば、社交界から一時的に追放されて「謹慎生活」に入るわけだ。エチケット・ブックには、正喪服を着て華やかな舞踏会に出たりするのは場違いだ、とも書いてある。見舞いのカードは受け取るが、「訪問」の儀式は親しい親戚や友人に限られた。

ところが、センチメンタルで美しい広告イラストの数々を眺めていると、色が違うだけで普段以上に華麗に身を飾って楽しんでいたのでは、とさえ思えてくる。「寡婦業」とは、母として、妻として、「女主人」としてのしがらみや義務から解放され、自分の心が満足するような美しさを追求できる機会であったのかもしれない。

「社交界」での出世を目指して、暗号のようなエチケットを研究し、人とつながり、パーティーを繰り返して、次の世代に良い結婚をとりまとめ、夫を立て、ひたすらに努力してきたあなた自身が、最後に到達する人生のゴールとは？――美しい喪服を着た美しい「未亡人」？　はたして、ほんとうにそうなのか？　それでよいのだろうか？　誰がそれを判断できるのだろうか？

ブラック・アスコット

喪服の女王ヴィクトリアは、一九〇一年に世を去り、息子のアルバート・エドワードは、エドワード七世として五九歳で即位した。彼は厳粛なおももちの母親

1910年、アスコット競馬場のファッション。女性は足首にむかって細くなる最新流行のホブルスカートの上にエドワード七世を追悼する黒のチュニックをかぶせている。男性もモーニング・コート、帽子、タイ、手袋を黒でそろえている。

よりも、享楽的・社交的な性格で知られ、競馬や賭け事や銃猟パーティー、既婚美女との逢瀬（おうせ）を楽しんでいた。一九一〇年、エドワード七世の在位はたったの九年で終わる。その年の初夏、アスコット競馬場では、例年通りにレースがおこなわれ、上流階級の人びとが着飾って集まった。

亡くなったばかりのエドワード七世に弔意を示すため、女性たちは、競馬観戦にふさわしい形の黒いドレスの上に、大きな黒い羽根帽子と、黒い上着を着て姿を現した。男性はトップ・ハットに黒いフロックコートやモーニング・コート。例年であれば、女性は明るく軽快な色のドレス、男性はグレーのモーニングが正しいはずだった。

一九一〇年の「ブラック・アスコット」の写真には、移りゆく社会の一瞬を切り取って収めたような多くの意味が読み取れる。着飾った上流の人びとが、競馬そっちのけで集まって交流する、階級社会という構造。その当時最新の上等なドレスと帽子を見せびらかす服装のコード。しかし、それを打ち消して上から黒い色をかぶせる、王室追悼の「社会的圧力」があり、しかしそれでも社交界のイベントは何食わぬ顔で続いたという「時代の空気」がある。アスコット競馬場の人びとの集いは、現在でもまだ続いている。社交界と階級は、二度の大きな戦争や社会の変化を経験し、流動しながら、いまだに生き残っている。

エチケットはどこへ行くのか

　エチケットとは、世間が人びとに求める理想像が形をとったものだ。そして、行儀のいいふるまいとはどういうものかを教えてくれる、エチケット・ブックという「お手本」は、一九世紀以降の英国においては、男性よりも女性に向けて作られ、広く読まれてきた。そのときどきの女性たちは、そのときどきで変化し続ける理想像に、たいていはしたがい、ときどきは抵抗しながら生きていた。ルールを守るふりをしながら許される範囲で遊んだり、ルール破りをする人がいると眉をひそめて噂して追い出したり、反省の色が見えるならとふたたび迎え入れたり、人によってはルールを完全に無視し、社交の世界から距離をとって暮らしていた。

　エチケットは時流に沿って変わる。エチケット・ブックに掲載される内容は、時期によって変わっていく。時代に合わなくなったものは削除され、女性の生活の場が広がれば、章が追加され、そこにまた新しい規範が生まれていく。かつての社交は互いの家を訪問し合い、お茶や食事や音楽でもてなし合うものだった。一八八〇年代以降、活動の場が外へと広がっていくにつれて、「ガーデン・パーティー」や「サイクリング」「旅行中のマナー」「鉄道にて」「乗合馬車にて」「ホテルにて」といった「外でのふるまい」に関する項目も増えていく。エチケット・ブックの目次から、「下の社会階層から、上流の社交界に入ったとき、育ちが悪いと思われないため」というエチケットの比率が下がり、「異なる社会に属する人間が行き合う公共空間において、互いに思いやり、迷惑にならないようにする落としどころを探る」ためのマナーが台頭してくる流れが読み取れる。

　国も時代も違う世界に生きるわたしたちは、四六時中喪服を身につけて生活することを求められることはないし、めったに会わない夫の大叔母が亡くなったからといって、一定期間は他人との付き合いを絶つよう圧力をかけられることもない。

　しかし、かたちをかえた同種の「エチケット」には誰しも思い当たるところがあるだろう。社会が求める規範とどう向き合うべきなのか。あなたはこの「社交界」にほんとうに入りたいのか。それはほんとうにいいことなのか。ヴィクトリア時代のエチケット・ブックの記述は、わたしたちのなかにある、現代人としてのモラルと理想のイメージを刺激してやまない。

アスコット競馬場にて、豪華な白のレースとパラソルで装った
有名演芸ホール歌手のマリー・ロイド嬢。年代不明ながら、
おそらくエドワード七世時代（1901 ～ 1910）のもの。

第6章 社交界に乗り込んだ先輩たち

1870〜80年代に社交界を席巻した「プロの美女」の代表格、リリー・ラングトリー（1853〜1929・128ページ参照）。職業女優として活動していたときの姿。

本書をここまで読んできたあなたは「それで、結局、生まれつき高貴ではない人が、社交界に入ることは可能だったの？」と、いぶかしんでいるかもしれない。では、何人かの先輩たちの場合を見てみよう。

産業資本家 テナント家の娘たち

お金ならいくらでもある、どれだけ使っても上流社交界に入りたい――というあなたには、テナント家の娘たちの例が参考になるかもしれない。

グラスゴーのチャールズ・テナント（一八二三〜一九〇六）は、祖父の代から受け継いだ薬品製造業を発展させて巨万の富を得た。そうなった一九世紀の英国人がめざすことといえば、もちろん階級上昇である。ビジネスで築いた地位は、伝統的な貴族からは下に見られる。格差を埋めるにはやはり財力だ。父は娘たちに良縁を得るためには金を惜しまなかった。

たとえば一八七七年、娘のひとりシャーロットと、第四代リブルスデール男爵ジョン・リスターとの結婚にあたり、テナント氏は花婿の亡き父が屋敷を抵当に入れてつくった巨額の借金を清算し、新婚夫妻が住むためのロンドンの家も購入したという。

末娘のマーゴは、一八八二年にバッキンガム宮殿で王室に拝謁（はいえつ）して社交界入りした。かつては上流階級の妻や娘のみに限られていた王宮拝謁は、このころまでには上層中流階級の実業家にも門戸がひらかれていた（一二二頁参照）。だが、君主の前でぎこちなく一度お辞儀をしたくらいで、どこでも入れる通行許可証が手に入るわけではない。父親は、娘のために有望な男性を大勢集めて盛大な舞踏会をひらいた。しかし舌鋒鋭いマーゴによれば、ダンスの相手は三〇～四〇代の「中年男性」や「さえない貴族院議員」ばかりだったという。人脈が足りなかったのだろう。

マーゴはすぐ上の姉ローラとともに、自分たちで交際相手を選びながら、ロンドン社交期を泳いでいった。マーゴの自伝によると、転機はデビューしたての六月、アスコット競馬場のパドックで訪れた。偶然にも王太子バーティー、のちのエドワード七世に紹介されたのだ。自然豊かなスコットランドで乗馬に親しんで育った彼女は、王太子との会話で勝ち馬をみごとに言い当て、金のシガレットケースを贈られる。次期国王との個人的な交友ができたことが知れると、大貴族の舞踏会に招待されるようになった。マーゴは一八九四年、のちに英国首相も務めたハーバート・アスキスの「人柄に惹かれて」結婚し、エドワード七世時代の社交グループの代表格となった。

社交界にデビューしたばかりの頃のマーゴ・テナント（左・1864～1945）と姉のローラ（右・1862～1886）。

第四代リブルズデール男爵トマス・リスター（1854～1925）。ジョン・シンガー・サージェントによる肖像画は、イギリス貴族らしさの体現として評判を得た。

父の財力は最初の突破口であり、それから先は本人たちしだいだ。テナント家の娘たちは機知と快活さで知られ、同世代の興味深い人びとを惹きつける魅力を持っていた。子ども時代の寝室を改装して「鳩の巣」と名付けた部屋に、性別を問わずに友人を招いて深夜まで語り合ったという。

上層中流階級の娘として基本的なマナーは身につけていたが、スコットランドの屋外活動を愛するテナント姉妹には型破りなところもあった。当時はまだ、良家の令嬢が目付け役をつけずに若い男性と二人きりになることは許されなかったはずだが、彼女たちは平気で慣習を破った。地位の低いほうが、高いほうに気を遣って、行儀よく従順でいなければならない――そのような風潮はいつの時代にもある。しかしテナント家の娘たちの場合は、エチケット本の細かい作法を律儀に守るより、慣習をほどよく破って自然な態度でいるほうが、成功につながったようだ。

乗馬着姿で馬を乗りこなす若きマーゴ・テナント。

結婚したばかりのハーバート・アスキス（1852～1928）とマーゴ。1895年。

世界一の美貌、ジャージー・リリー

高貴な生まれも莫大な持参金もない。私の財産はこの顔と体だけ――そんなあなたは、ラングトリー夫人の人生にヒン

chapter 6

トが見つかるかもしれない。

エミリー・シャーロット・ル・ブレトン、愛称リリーは、一八五三年にフランスに近いジャージー島で、牧師の娘として生まれた。六人の兄弟をもつ唯一の女の子だった彼女は、美しく成長し、二〇歳で資産家のエドワード・ラングトリーと結婚する。当人より彼の所有するヨットに恋をしたというのが通説である。

ジョン・エヴァレット・ミレイ「ジャージー・リリー」1877～1878年頃。ロンドン進出直後のリリーは、収入が乏しく、弟の喪に服していたこともあって、簡素な黒いドレスを着続けていた。

夫妻は一八七六年にロンドンに転居する。リリーは、小さな島を飛び出して成功したいという野心を秘めていた。翌春、知人の子爵に紹介されて参加した芸術趣味のレディのパーティーでチャンスをつかむ――「無名で貧しいが美しい」という噂が瞬時に広まったのだ。フランク・マイルズ、ジョン・エヴァレット・ミレイ、エドワード・バーン＝ジョーンズなどの画家に絵を描かれ、肖像写真が店頭に並べられ、それを縁もゆかりもない人びとが買い求めて暖炉に飾った。若きオスカー・ワイルドに称賛されたリリー・ラングトリーは、女性美の基準を塗り替え、当時はやりの「プロの美女」（六一頁参照）の最高峰となった。

一八七七年五月の晩餐会で、噂を聞きつけた王太子バーティーに引き合わされたリリーは、まもなく彼の愛人となる。それからはひときわ高位の貴族女性たちが、王太子を招く晩餐会や舞踏会に当然のようにリリーも呼ぶようになった（夫のラングトリー氏も渋々ながら一緒に参加していた）。未来の英国王の愛人が、上流社交界の一員と認められたのである。次の春のロンドン社交期には、バッキンガム宮殿でヴィクトリア女王に拝謁し、いっそう交友範囲が広がった。

「王族の愛人（ロイヤル・ミストレス）」として彼女はどれだけの見返りを手にしたのだろう？　一九世紀後半において、王室メンバーの愛人には公式な役職が存在したわけでも、巨額の手当てが出たわけでもない。君主がお気に入りの相手に公爵位を乱発できる時代ではもはやない。たとえば、高価なドレス代を王太子の友人が肩代わりしたり、折々に宝石を贈られたりはしたが、それは「プロの美女」を続けるための必要経費のようなものだろう。実のところ夫の収入は期待ほどではなかったため、周囲の生活レベルに合わせようとすれば借金がかさみ、着実に破産へ近づいていった。

一八七九年の夏頃からバーティーは徐々に心が離れ、リリーもバッテンベルク公子ルイスと短い関係を持った。財産が尽き、結婚生活は破綻し、婚姻外の娘を産んだことから、一度は頂点を極めた上流社交界から完全に締め出されることになった。ジャンヌ・マリーと名付けた娘は母親に託し、自分はおばだということにして離れて暮らした。

ワイルドのすすめもあって、リリーは生計を立てるために商業舞台に出るようになった。それなりの成功をおさめ、アメリカ巡業もおこなった。大富豪の恋人が作らせた特別豪華客車で各地をまわり、大歓迎を受ける。彼女のそばには常に恋人、崇拝者、パトロンが絶えることはなく、馬や家やヨットなど、高価な貢ぎ物を贈られ続けた。

リリー・ラングトリーはロンドンの上流社交界に入ることを最初の目標としていた。牧師の娘の常として、家庭教師に習った上品なマナーは、確かにそのとき役には立った。けれど彼女は、英国社交界という小さな村に収まる存在ではなかった。もっとずっと大きくはみ出す、時代の空気を象徴するような何か——自ら

王太子時代のアルバート・エドワード、通称バーティー。1901年にエドワード七世として即位する。多くの女性と関係を持ったが、公然と付き合う愛人はリリーが最初だったと考えられている。

chapter 6

リリー・ラングトリーの名刺版写真。横顔が古典美術的な美しさだと賞賛された。

の美と知名度を商品として、世界中の人びとに幻想を売る、現代的セレブリティの先駆けであった。

ジョニーとガールズと社交界の未来

絶世の美人ではないけれど、愛嬌と若さはある。長くてまっすぐな脚にも自信がある——そんなあなたは、リリー・ラングトリーが開けた風穴に飛び込んで、舞台から始めるのもいいだろう。

一八九〇年代、世紀末のロンドンでは、若い女性が大挙して歌い踊るミュージカル・コメディが人気を集めていた。とくに「ゲイエティ劇場」に出演する女優・歌手・コーラスガールは、辣腕（らつわん）の興行師によって、顔の美しさと背の高さと脚の長さを最優先に厳選されていた（すなわち演技や歌の実力は二の次だった）。彼女たちの舞台衣装は、旧来のタイツやチュチュではなく、高級ファッションハウスで制作された、社交界のパーティーでも着られそうな豪華なドレスだった。その着こなしは、雑誌や新聞、写真や挿絵や批評文でもかならずふれられ、あらゆる階層の女性のお手本になった。

終演後の楽屋口には、彼女たちを食事に誘いたい若い紳士が、現金を仕込んだ花束やフルーツのかごを携えて群がった。「ステージドア・ジョニー」と呼ばれる彼らと「ゲイエティ・ガールズ」の間には、やがて結婚騒動が頻発する。古い家系の貴族やその子息が、立場の異なる労働者の女性と結ばれたいと願えば、たいていの場合は関係者の猛烈な反対に遭った。一九世紀のイギリスでは、二一歳の成人になれば、「法の上では」親の同意がなくても結婚できた。爵位は既定の順序で相続されるし、親の決めた「いいなずけ」としか結婚できないなどということは、表向きは、ない。ただ、社会の慣習が許すかどうかはまた別の話だ。財産の行方を遺言で左右できる家長が、相続を盾に結婚を禁じたら、生活力のない子息は従うしかないというのがおおかたの現実だった。

ミュージカル・コメディ「ゲイ・ゴードンズ」のコーラスガールたち。前列左から２番目のシルヴィア・ストーリーは、1908年に第七代ポーレット伯爵夫人となる。

たとえば、繊細な美貌のミュージックホール歌手ベル・ビルトンの場合。一八八九年の夏、彼女は第四代クランカーティ伯爵の長男ダンロー卿フレッドと、ロンドン北部ハムステッドの登記所で家族に黙って結婚した。しかし、貴族の結婚は、頼まなくても新聞の消息欄に載ってしまうため、すみやかに伯爵の知るところとなった。激怒したクランカーティ伯爵は息子を海外に送り、探偵にベルを見張らせて、浮気の証拠を見つけようとした（孤立させて別の男性を頼るのを待つ作戦だ）。証拠が出てきたと判断し、父伯爵は婚姻無効の裁判を起こす。しかし陪審員はベルに味方し、浮気は認定されなかった。結審後まもなくクランカーティ伯爵は他界し、フレッドが爵位を相続して、ベルは貴族夫人の立場で生涯を過ごすことになった。法律と世間を味方につけた彼女の粘り勝ちであり、耳目を集めたこの裁判は世間の空気に影響を与えた。

　女性が貴族の男性を訴えた例ももちろんある。一九一二年、第五代ノーサンプトン侯爵子息のコンプトン伯爵は、女優のデイジー・マーカムと結婚の約束をしたが、家族の圧力に負けて果たせなかった。伯爵はデイジーが黙って受け入れることを期待したが、予想に反して彼女は婚約不履行の裁判を起こす。そしてデイジーは巨額の五万ポンドを手にした。

クランカーティ伯爵夫人となったベル・ヒルトン（1867～1906）。1902年のエドワード七世戴冠式に出席するために正装した姿。

貴族や芸術家と次々に付き合い、最後にひとりを夫に選んだ人もいる。コニー・ギルクリストはごく幼い頃からホイッスラーやフレデリック・レイトンの少女モデルをつとめ、八歳で初舞台を踏んだ。長じて第四代ロンズデール伯爵、第八代ボーフォート公爵などをパトロンとして社交界にも出入りする。そして一八九二年に第七代オークニー伯爵と結婚して舞台をしりぞき、貴族社会の一員となった。結婚式の父親役はボーフォート公爵がつとめたという。

　彼女たちの足跡から「社交界」とはな

んなのかがおぼろげに見えてくる。高貴さと金と権力を持つ男と女がつがいとなって交際するクラブに、場のルールに従うという態度を示し、自分の持つ何かを交換財として差し出せば受け入れられる。権力の源をたどればそこにいるのは君主や王太子であり、周辺にいるのは貴族の当主や大金持ちであり、彼らの力を分け与えられてパーティーを牛耳る女性たちである。

かつて強固だった階層構造は、時代が移るにつれて少しずつゆるみ、それまで許されなかったメンバーが次々と入り込んで変貌していった。その社交界に、何を犠牲にしてもあなたは入っていくのだろうか——泳ぎ切れるように健闘を祈る。

ジェームズ・マクニール・ホイッスラー「黄色と金のハーモニー：黄金の少女——コニー・ギルクリスト」1876～77年頃。子役時代に舞台で披露していた「縄跳びダンス」を描いたもの。

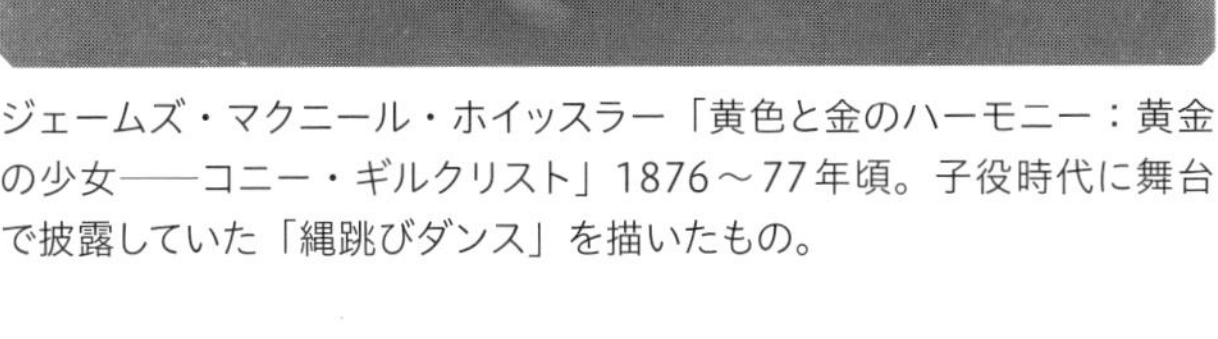

のちにオークニー伯爵夫人となるコニー・ギルクリスト(1865～1946)。「元祖ゲイエティ・ガール」とも呼ばれた。1880年代の名刺版写真。

著者	書名	出版社	出版年
The Savoy Hotel Co.	London's Social Calender	The Savoy Hotel Co.	1910s
Tweedsmuir, Susan	The Lilac and the Rose	Gerald Duckworth & Co. Ltd	1952
Tweedsmuir, Susan	A Winter Bouquet	Gerald Duckworth & Co. Ltd	1954
Valentine, Mrs. L.	The Life of Victoria	Frederick Warne & Co.	1897
Villiers, Arnold	Routledge's Complete Letter Writer for Ladies & Gentlemen	George Routledge and Sons, Ltd	1910s
Ward, Lock & Co., Ltd	Complete Etiquette for Ladies and Gentlemen	Ward, Lock & Co., Limited	1900
Wilson, C. Anne ed.	Eating with the Victorians	Sutton Publishing	2004
新井潤美	階級にとりつかれた人びと	中央公論新社	2001
岩田託子 川端有子	図説 英国レディの世界	河出書房新社	2011
オーギュスト・エスコフィエ著 大木吉甫訳	エスコフィエ自伝	中央公論新社	2005
オスカー・ワイルド著 西村孝次訳	サロメ・ウィンダミア卿夫人の扇	新潮社	1953
小池滋編	ヴィクトリアン・パンチ	柏書房	1995-1996
ジェニファー・デイヴィーズ著 白井義昭訳	英国ヴィクトリア朝のキッチン	彩流社	1998
シャーン・エヴァンズ著 村上リコ訳	図説 メイドと執事の文化誌	原書房	2012
中野香織	スーツの神話	文藝春秋	2000
春山行夫	化粧と生活文化史の本	資生堂	1987
春山行夫	エチケットの文化史	平凡社	1988
ブランシュ・ペイン著 古賀敬子訳	ファッションの歴史	八坂書房	2006
松村昌家 川本静子 長嶋伸一 村岡健次編	英国文化の世紀3 女王陛下の時代	研究社出版	1996
松村昌家 川本静子 長嶋伸一 村岡健次編	英国文化の世紀5 世界の中の英国	研究社出版	1996
村上リコ	図説 英国メイドの日常	河出書房新社	2011
村上リコ	図説 英国執事	河出書房新社	2012
村上リコ	図説 英国貴族の令嬢	河出書房新社	2014
レイ・ストレイチー著 栗栖美知子 出渕敬子監訳	イギリス女性運動史 1792-1928	みすず書房	2008
外務省情報文化局国内広報課編集	国際儀礼に関する12章	財団法人 世界の動き社	1981
ヴィタ・サックヴィル=ウエスト著 村上リコ訳	エドワーディアンズ	河出書房新社	2013
Abdy, Jane and Gere, Charlotte	The SOULS	Sidgwick & Jackson	1984
Asquith, Margot	The Autobiography of Margot Asquith	Thornton Butterworth Ltd	1920
Beatty, Laura	Lillie Langtry: Manners, Masks and Morals	Vintage Digital	2000
Bingham, Madeleine	Earls and Girls: Dramas in High Society	Hamish Hamilton	1980
Birkett, Jeremy and Richardson, John	Lillie Langtry: Her Life in Words and Pictures	Blandford Press	1979
Hyman, Alan	The Gaiety Years	Cassell & Company Ltd	1975
Lambert, Angela	Unquiet Souls	Harper & Row, Publishers	1984
Langtry, Lillie	The Days I Knew	George H. Doran Company	1925
Leslie, Anita	Edwardians in Love	Arrow Books Ltd	1974
Pepper, Terence	HIGH SOCIETY: Photographs 1897-1914	National Portrait Gallery	1998
Ridley, Jane	Bertie: A Life of Edward VII	Chatto & Windus	2012
大谷伴子	ショップ・ガールと英国の劇場文化	小鳥遊書房	2023

あとがき

「エチケット」が苦手です。

「空気を読む」のもとても下手です。

そんなわたしですが、たまに英国ヴィクトリア時代を舞台とした作品の制作に参加して、当時のマナー、エチケット、人どうしの距離感やふるまい方の「法則」を調べる仕事をすることがあります。そうしてわかった情報を、一冊の本にまとめておけば、いずれリファレンスブックのように使えるかも――と、そんなもくろみ（取らぬ狸の皮算用）のもと、この本の企画を立てました。

『社交界ガイド』というタイトルは編集部でつけていただいたものです。この題から、華麗なる上流社会のすべてがわかる、貴族とつながりがあったりする「ハイソサエティな」人が書いた本……を想像してお求めになった方がいたとしたら、ご期待を裏切って申し訳ありません。わたし自身は王侯貴族や社交界などまるで縁がなく、むしろ現実世界では、階級社会に疑問を抱いているほうです。

エチケットは苦手です。

どうしてそんなに苦手なのか、この本と向き合って、少しわかった気がします。人付き合いに暗黙のルールがあること。その、ひとつひとつのルールを決めているのは誰なのか、よくわからないこと。ルールがひとり歩きして様式化していくこと。客観的に見ることができれば面白い現象ですが、なんというかこう、社会のルールを理解できず、「空気を読めず」、きまりの悪い思いをした過去のあれこれがよみがえり、執筆にはいつも以上に時間がかかってしまいました。関係各位にはご迷惑をおかけしました。

マナーは大切だよ、思いやりだよ。人生を豊かにするよ、という考えの方にも、わたしのようにエチケット全般が苦手な人にも、この本が、何かを考えるきっかけになってくれれば幸いです。

二〇一六年一二月

村上リコ

参考文献

著者	書名	出版社	出版年
A & C Black Publishers Limited	Titles and Forms of Adress: Twenty-first edition	A & C Black Publishers Limited	2002
A Member of the Aristocracy	Manners and Tone of Good Society. Or, Solecisms to be Avoided	Frederick Warne and Co.	1879
A Member of the Aristocracy	Manners and Rules of Good Society: Sixteenth Edition	Frederick Warne and Co.	1890
A Member of the Aristocracy	Manners and Rules of Good Society: Twenty-Second Edition	Frederick Warne and Co.	1897
Adburgham, Alison	Yesterday's Shopping: The Army & Navy Stores Catalogue 1907	David & Charles	1969
Adburgham, Alison	Victorian Shopping: Harrod's 1895 Catalogue	David & Charles	1972
Agogos	Hints on Etiquette and Usages of the Society	Longman, Brown, Green & Longmans	1849
Aresty, Esther B.	The Best Behavior	Simon and Schuster	1970
ARMIGER	Titles: a Guide to the Right Use of British Titles and Honours	A & C Black Ltd	1918
Au Fait.	Social Observances	Frederick Warne and Co.	1896
Balsan, Consuelo Vanderbilt	The Glitter and the Gold	Hodder & Stoughton	1953/2011
Banfield, Edwin	Visiting Cards and Cases	Baros Books	1989
Baren, Maurice	Victorian Shopping	Michael O'mara Books	1998
Barstow, Phyllida	The English Country House Party	Sutton Publishing	1989/1998
Beeton, Mrs Isabella ed.	Book of Household Management	Southover Press	1861/ 1998
Buckland, Gail	The Golden Summer: The Edwardian Photographs of Horace W. Nicholls	Pavilion Books Limited	1989
Campbell, Lady Colin ed.	Etiquette of Good Society	Cassell and Company Limited	1893
Cassell, Petter, and Galpin	Cassell's Book of the Household	Cassell, Petter, and Galpin	1880s
Cheadle, Eliza	Manners of Modern Society	Cassell, Petter, and Galpin	1875
Cunnington, C. Willett	English Women's Clothing in the Nineteenth Century	Dover Publications	1937/1990
Cunnington, Phillis & Lucas, Catherine	Costume for Births, Marriages, and Deaths	Adam & Charles Black	1972
Curtin, Michael	Propriety and Position	Garland Publishing, Inc.	1987
Pool, Daniel	What Jane Austen Ate and Charles Dickens Knew	Simon & Schuster	1993
Davidoff, Leonore	The Best Circles	Rowman and Littlefield	1973
de Vries, Leonard	Victorian Advertisements	John Murray	1968
Debrett's Peerage Limited	Debrett's Correct Form	Headline Book Publishing	1999/2002
Dewing, David ed.	Home and Garden	The Geffrye Museum	2003
Evans, Hilary and Mary	The Party That Lasted 100 Days	Macdonald and Jane's	1976
Frederick Warne and Co.	Modern Etiquette in Public and Private	Frederick Warne and Co.	1895
Frederick Warne and Co.	The Ball-Room Guide: A Handy Manual	Frederick Warne and Co.	c. 1900
Gaskell, Prof. G. A.	Gaskell's Compendium of Forms	Fairbanks, Palmer & Co	1882
George Routledge and Sons, Ltd	Routledge's Manual of Etiquette	George Routledge and Sons, Ltd	1870s
Gernsheim, Alison	Victorian and Edwardian Fashion: A Photographic Survey	Dover Publications	1981
Heywood, Valentine	British Titles	Adam and Charles Black	1951
Horn, Pamela	High Society: The English Society Elite, 1880-1914	Alan Sutton Publishing	1992
Humphry, Mrs	Manners for Men	James Bowden / Prior Publications	1897 / 1993
Humphry, Mrs	Manners for Women	Ward, Lock & Co., Limited / Prior Publications	1897 / 1993
Inch, Arthur and Hirst, Arlene	Dinner is Served	Running Press	2003
Jno. J. Mitchell Co., and Druesedow, Jean L.	Men's Fashion Illustrations from the Turn of the Century	Dover Publications, Inc.	1990
Leech, John	John Leech's Pictures of Life and Character 1-3	Bradbury, Agnew, & Co	1886-7
Lucie-Smith, Edward & Dars, Celestine	How the Rich Lived: The painter as Witness 1870-1914	Paddington Press Ltd	1976
Luthi, Ann Louise	Sentimental Jewellery	Shire	1998
Margetson, Stella	Victorian High Society	B. T. Batsford Ltd	1980
Mitchell, Sally	Daily Life in Victorian England	Greenwood Press	1996
Nicholson, Shirley	A Victorian Household	Sutton Publishing	2000
Olian, JoAnne	Victorian and Edwardian Fashions from "La Mode Illustrée"	Dover Publications	1997
One of Themselves	The Manners of Aristocracy	Ward, Lock & Co.,	1881
Pascoe, Charles Eyre	London of To-Day	Simpkin, Marshall, Hamilton, Kent, & Co., Ld	1893
Pascoe, Charles Eyre	London of To-Day	Jarrold & Sons	1903
Rickards, Maurice	The Encyclopedia of Ephemera	The British Library	2000
Ruffer, Jonathan	The Big Shots: Edwardian Shooting Parties	Quiller Press	1977/1989
Scott, Edward	How to Dance, and Guide to the Ball-room	Hammond, Hammond & Co.	c. 1900
Shrimpton, Jayne	Family Photographs and How to Date Them	Countryside Books	2008
Sims, George Robert ed.	Living London Vol.1	Cassell & Company Ltd	1902
Sims, George Robert ed.	Living London Vol.2	Cassell & Company Ltd	1902
Taylor, Lou	Mourning Dress: A Costume and Social History	Routledge	1983 / 2010
The author of "Manners and Tone of Good Society"	Party-Giving on Every Scale	Frederick Warne and Co. / Nonsuch	1880 /2007
The Countess of ****	Mixing in Society: A Complete Manual of Manners	George Routledge and Sons	1896
The Lounger in Society	The Glass of Fashion	John Hogg	1881

●著者略歴

村上リコ（むらかみ・りこ）

文筆・翻訳家。千葉県生まれ。一九世紀から二〇世紀にかけてのイギリスの日常生活をテーマに活動している。主な著書に『図説 英国メイドの日常』『図説 英国貴族の令嬢』（河出書房新社）など。翻訳書にアニー・グレイ、アンドリュー・ハン『ミセス・クロウコムに学ぶ ヴィクトリア朝クッキング 男爵家料理人のレシピ帳』（ホビージャパン）、トレヴァー・ヨーク『図説 イングランドのお屋敷』『図説 英国のインテリア史』（マール社）など。「黒執事」ほか、アニメやマンガの時代考証もつとめる。

ブログ https://murakamirico.blogspot.com/

ふくろうの本

増補版 図説 英国社交界ガイド エチケット・ブックに見る19世紀英国レディの生活

二〇一七年 一 月三〇日初版発行
二〇二四年 五 月二〇日増補版初版印刷
二〇二四年 五 月三〇日増補版初版発行

著者……村上リコ
装幀・デザイン……高木善彦
発行者……小野寺優
発行……株式会社河出書房新社
〒一六二-八五四四
東京都新宿区東五軒町二-一三
電話 〇三-三四〇四-一二〇一（営業）
〇三-三四〇四-八六一一（編集）
https://www.kawade.co.jp/
印刷……大日本印刷株式会社
製本……加藤製本株式会社

Printed in Japan
ISBN978-4-309-76332-3